꽃탑 9

박정자 풀꽃 사진 시집

月刊文學 출판부

책머리에 　그 아름답던 길

　지금은, 새벽 산책으로 별·달을 보며 오르내리는 송라산 기슭. 지난날 무거운 카메라를 양 어깨에 메고 꽃을 찾아 다니던 그 길. 오랜 세월 지났는데도 잊을 수 없는 꽃들, 때도 없이 문득문득 색색깔로 피어난다.
　타래난초꽃·삼지구엽초꽃·산자고꽃 피던 자리엔 아파트가, 은방울꽃·앵초꽃·개미취꽃 피던 자리엔 전원주택이 들어섰으며, 큰꽃으아리꽃·영아자꽃·솜나물꽃 피던 자리는 도로, 할미꽃·초롱꽃·인동덩굴꽃 피던 곳은 밭으로 변했다.

겨울 한 번 지날 때마다 이젠 잊었는가 싶다가도, 봄이 오고 여름 되면 다시 또 생각나는 꽃들. 그때 그 꽃이야 잠시 피었다 졌지만, 내 마음엔 쉽게 사라질 수 없는 영상들. 아마도 내겐 언제까지나 '그 아름답던 길'로 남을 것이다.

                                        2019(4352)년 2월

                                        다물(多勿) 시마루에서

                                            石雲 朴貞子

책머리에　　그 아름답던 길　　002

 유럽분홍할미꽃(유럽할미꽃·흰유럽할미꽃·세잎할미꽃)　012

유존꽃　014

 유채꽃　016

유포르비아꽃　018

 윤판나물꽃(윤판나물아재비꽃)　020

율무꽃　022

 은대난초꽃　024

 이고들빼기꽃(지리고들빼기꽃)　026

 이브닝프림로스꽃　028

 이삭여뀌꽃　030

 이질풀꽃(흰이질풀꽃)　032

 이태리금란초꽃　034

익모초꽃　036

 일엽주꽃　038

일일초꽃　040

 일일화꽃　042

자귀풀꽃　044

자라풀꽃　046

 자란초꽃　048

자리공꽃　050

 자운영꽃(두메자운영꽃)　052

 자주개자리꽃(흰개자리꽃·노랑개자리꽃) 054

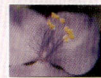 자주꽃방망이꽃(분홍꽃방망이꽃·흰꽃방망이꽃) 056

 자주닭의장풀꽃(흰닭의장풀꽃) 058

 자주쓴풀꽃 060

 잔대꽃(당잔대꽃) 062

 잔디꽃 064

 잔털제비꽃 066

 장구채꽃(분홍장구채꽃·오랑캐장구채꽃) 068

 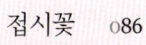 장대나물꽃(꽃장대꽃) 070

 재쑥꽃 072

 전호꽃 074

 절국대꽃 076

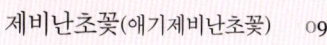 절굿대꽃(흰절굿대꽃) 078

 점나도나물꽃 080

점현호색꽃 082

접란꽃 084

접시꽃 086

젓가락나물꽃 088

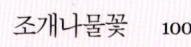 제라늄꽃(밴쿠버제라늄꽃·애플제라늄꽃) 090

 제비꿀꽃 092

제비난초꽃(애기제비난초꽃) 094

제비동자꽃 096

제비쑥꽃(인진쑥꽃) 098

조개나물꽃 100

조개풀꽃(구름조개풀꽃) 102

조꽃 104

조름나물꽃 106

조밥나물꽃 108

조뱅이꽃(흰조뱅이꽃) 110

족도리풀꽃 112

졸방제비꽃 114

좀가지풀꽃 116

좀꿩의다리꽃(자주꿩의다리꽃) 118

좀보리사초꽃(화살사초꽃·피사초꽃·대사초꽃) 120

좀씀바귀꽃(벋음씀바귀꽃) 122

좁쌀풀꽃(참좁쌀풀꽃) 124

좁은잎배풍등꽃 126

종이꽃 128

종지나물꽃 130

주름잎꽃(누운주름잎꽃) 132

주홍서나물꽃 134

중대가리풀꽃 136

중의무릇꽃 138

쥐꼬리망초꽃(하이포에스테스 콤펙트폼꽃) 140

쥐꼬리풀꽃 142

쥐방울덩굴꽃 144

쥐손이풀꽃(핑크스트레인꽃) 146

쥐오줌풀꽃(흰쥐오줌풀꽃) 148

지리바꽃 150

지칭개꽃 152

지황꽃 154

 진교꽃 156

 진득찰꽃 158

 질경이택사꽃 160

 짚신나물꽃(산짚신나물꽃) 162

 차풀꽃 164

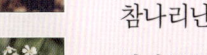 참깨꽃 166

 참골무꽃 168

 참꽃마리꽃 170

 참나리난초꽃 172

 참나물꽃 174

참당귀꽃 176

 참반디꽃 178

 참배암차즈기꽃 180

 참사랑꽃(네잎참사랑꽃) 182

참외꽃 184

 참취꽃 186

 창포꽃(무늬창포꽃) 188

채송화꽃 190

 천궁꽃 192

천남성꽃(넓은잎천남성꽃) 194

 천사의나팔꽃 196

천상초꽃 198

천일홍꽃(흰천일홍꽃) 200

청닭의난초꽃 202

초롱꽃(암초롱꽃)　204

촛대승마꽃　206

촛불맨드라미꽃　208

층층이꽃　210

층층잔대꽃(진퍼리잔대꽃)　212

치커리꽃　214

카네이션꽃　216

카라꽃　218

카렌듈라꽃　220

카밀레꽃　222

카틀레야꽃　224

칼랑코에꽃　226

칼잎용담꽃　228

캄파룰라꽃　230

컴프리꽃　232

켈로네꽃　234

코레옵시스꽃　236

코스모스꽃　238

콜레우스꽃　240

콩꽃　242

콩다닥냉이꽃　244

콩제비꽃　246

쿠페아꽃　248

크로커스꽃　250

크로코스미아꽃　252

 큰개불알풀꽃(선개불알풀꽃)　254

 큰개현삼꽃(섬현삼꽃)　256

 큰괭이밥꽃　258

 큰금매화꽃(금매화꽃 · 일본금매화꽃)　260

 큰기름새꽃　262

 큰꿩의비름꽃(연분홍큰꿩의비름꽃 · 신도꽃)　264

 큰벼룩아재비꽃　266

큰엉겅퀴꽃　268

 큰연영초꽃(연영초꽃)　270

 큰제비고깔꽃(제비고깔꽃)　272

 큰조롱꽃　274

큰조아재비꽃　276

큰피막이꽃　278

키타이벨리아꽃　280

부록　　작품 연보　282

꽃탈 9

유럽할미꽃

흰유럽할미꽃

세잎할미꽃

유럽분홍할미꽃

천지 만물의 조화 속에
비록 할미꽃으로 태어났지만

눈부신 햇살에 이는
노란 봄바람만 만나면
걷잡을 수 없이 설레는 가슴
굳이 숨기지 아니하고
발그레하게 웃으며 살지요

그 웃음은
할미의 젊은 마음이며
푸른 희망이라오

❋❋❋ 관상용으로 기르는 여러해살이풀. 원산지는 유럽. 뿌리에서 나온 뿌리잎은 5개로 갈라지고 갈래조각은 다시 깃꼴로 갈라지며 뒷면에는 많은 털이 나 있다. 봄에 8~10cm 가량 곧게 자란 꽃줄기 끝에 분홍색 꽃이 1개씩 위를 보고 핀다. 꽃이 잎보다 먼저 핀다.

유존꽃

네 모습에서
그리움을 보는 듯
눈물이 날 것 같아

공연히 하늘 한번 쳐다보고
눈길 돌려
꽃망울을 보았는데

꽃망울은 어찌하여
꿈속을 헤매는
내 모습으로 보이는가!

어느 작은 섬에 홀로…

❋❋❋ 관상용으로 꽃밭에 기르는 여러해살이풀. '섬초롱꽃'이라고도 한다. 50~80cm 가량 비스듬하게 자라는 줄기는 가지가 갈라지며, 줄기에 어긋나는 잎은 좁고 긴 타원형으로 끝이 뾰족하고 가장자리는 밋밋하다. 여름에 줄기와 가지 끝이나 윗부분 잎겨드랑이에 흰색 꽃이 피는데, 꽃잎은 5갈래로 완전히 갈라져 좁고 길며 꽃잎 가장자리엔 흰 털이 있다.

유채꽃

물바람에 일렁이는
아지랑이 따라 나왔다가
살살거리는 봄바람에 반해

해님 기울어지도록
허기지는 줄도 모르고
강가를 서성거릴 때

노랗게 물든 가슴으로
따스한 햇살 스며들면
봄 마중 나온 연인들의
다정한 발자국 소리도
꽃잎인 양
나풀나풀 피어난다

❋❋❋ 제주도 등 남부 지방에서 기르는 두해살이풀. 원산지는 중국. 80~100cm 가량 자라는 줄기에 아래쪽 잎은 잎자루가 길며 깃꼴로 조금 갈라지고 가장자리에 톱니가 있다. 위쪽 잎은 잎자루가 없이 줄기를 감싸며 넓은 피침형으로 끝이 뾰족하다. 잎 뒷면은 흰빛이 돌며 잎자루는 자줏빛이 돈다. 봄에 줄기와 가지 끝에 4장 꽃잎의 갈래꽃이 핀다. 꽃을 꿀·향수 등의 재료로 쓴다.

유포르비아꽃

아무리 멀리서 와서
어렵사리 꽃을 피웠다 해도
얼핏 낯설다 싶다가도
틀림없는 대극 가문임을
누군들 의심이나 하겠는가

오, 핏줄의 위대함
그 경이로움이여!
그저 반갑고 신기하여라

무턱대고
누굴 닮고 싶어 하다고
진정 닮아지던가 말이다

✽✽✽ 암석 지대에 관상용으로 기르는 여러해살이풀. 원산지는 유럽 남부와 소아시아. 땅 위로 벋는 뿌리줄기에서 자란 줄기에 빽빽하게 돌려나는 달걀형 잎은 끝이 뾰족하고 두께감이 있다. 봄에 20~30cm 가량 옆으로 비스듬히 자라는 줄기 끝에 여러 개의 술잔 모양의 꽃턱 속에 자잘한 노란색 꽃이 위를 보고 핀다.

열매   윤판나물아재비꽃

윤판나물꽃

따스한 봄볕 마시고
튼튼하게 자라다가
작은 가지 갈라지며
고개 숙이는가 싶더니
어느새 살며시 달고 나온
신비스런 노란 꽃종

바람이라도 살랑거리면
은은한 금빛 종소리
귀에 쟁쟁 들릴 것만 같은데

멋스럽게 반짝이는 잎에 가려
보일 듯 말 듯 하니
그 사연 더욱 궁금하게
햇살 비친 자리마다
노란 미소 나부끼네

✽✽✽ 산지 숲속에 여러해살이풀. 뿌리줄기가 길게 옆으로 벋으며, 30~50cm 가량 곧게 자라는 줄기는 모가 지고 윗부분에서 가지가 갈라진다. 줄기에 어긋나는 타원형 잎은 잎자루가 없으며, 3~5개의 잎맥이 있고 끝이 뾰족하다. 봄에 가지 끝에 2~3개씩의 길쭉한 노란색 꽃이 아랠 보고 핀다. 어린순은 먹는다.

← 열매 →

율무꽃

숨쉬기조차 힘겹도록
무작정 내리쬐는 폭염으로
온 대지가 불가마 되어
오직 바람 한 점
간절한 소망인데

너는 홀로 신선인 양
그저 왔다가는
홀연한 바람처럼
하늘거리고만 있으니

예사롭지 않는 너의 거동에
문득 내 마음도
바람이고 싶은가!

❋❋❋ 밭에 기르는 한해살이풀. 원산지는 중국. 1~1.5m 가량 자라는 줄기는 곧고 가지가 갈라지며 속이 딱딱하다. 줄기에 어긋나는 기다란 잎은 가운데 잎맥이 흰빛이며 끝이 뾰족하다. 여름에 잎겨드랑이에서 나온 꽃대 끝에 꽃이삭이 나와 타원형의 암꽃이 피고, 그 끝에 연노란색 자잘한 수꽃이 핀다. 껍질이 딱딱하고 검은갈색으로 익는 타원형의 열매는 차와 약재로 쓴다.

은대난초꽃

풋풋한 산 내음에 젖어
스스로 그윽한 향기
솔솔 풍기며

바람 따라 흔들리는
나무 그림자에 몸 가리고
있는 듯 없는 듯
조신한 매무새

따스한 봄볕에
아름다움 드러내놓고
뽐내고 싶기도 하련만
끝끝내 안으로 간직하고 있는
새하얀 고고함
오롯한 순수의 넋이여

❀❀❀ 산지 숲 그늘에 여러해살이풀. 30~50cm 가량 곧은 줄기에 어긋나는 6~8개의 타원형 잎은 밑 부분이 좁아져 줄기를 감싼다. 봄에 줄기 위쪽에 꽃자루 없는 하얀 꽃이 3~10개씩 밑에서부터 피는데, 꽃잎은 완전히 벌어지지 않는다. 아래쪽에 있는 1~2개의 선형 포는 잎처럼 보이며 첫째 포가 꽃이삭보다 길고 전체에 털 같은 돌기가 있다.

잎과 꽃망울

지리고들빼기꽃

이고들빼기꽃

야들보들할 때
눈 밝은 아낙의 손길에
잘리지만 않는다면
무럭무럭 잘도 자라
파란 가을 하늘 마시다 마시다
한들거리는 가지 끝마다
눈부신 정성 모아
황금빛 꽃다발

벌이야 나비야 북적거림에
지나가던 실바람도 어우러지는
축제의 도가니

끼리끼리 찬란한 영광
넉넉하게 펼쳐지는 잔치 열풍에
오히려 마음은 허허로운가

❈❈❈ 산지에 한두해살이풀. 30~100cm 가량 자라는 곧은 줄기는 가지가 많이 갈라진다. 줄기에 어긋나는 주걱 모양의 잎은 밑 부분은 줄기를 반쯤 감싸고 가장자리엔 톱니가 드물게 나 있다. 가을에 가지 끝마다 여러 개의 노란색 꽃이 모여 핀다. 잎과 줄기를 자르면 흰 즙액이 나온다. 어린순은 나물로 먹는다.

이브닝프림로스꽃

고이 잠든 아이의
포근한 미소 같은
깊은 행복감

따스한 햇살 안고 나온
잔잔한 실바람 마시며
새근거리는 숨소리
깜짝 놀라 깰까 봐
조심조심 다가갈 제

푸드덕 날아오르는 산새 소리에
내가 먼저 놀라버렸네

✱✱✱ 관상용으로 꽃밭에 기르는 한해살이풀. 60~80cm 가량 곧게 자라는 줄기는 가지가 갈라진다. 줄기에 어긋나는 긴 타원형 잎은 가장자리에 고르지 않은 얕은 결각이 있다. 봄에 줄기와 가지 끝에 연분홍색 꽃이 위를 보고 피는데, 꽃잎은 4장이며 둥근 꽃잎 끝은 약간 팬다.

이삭여뀌꽃

고요가 늘어질 대로 늘어진
그늘진 숲속
눅눅한 곳에 사는 몸 같지 않게
씻은 듯 닦은 듯
빛나는 눈망울
가슴 설레는 만남

쓸데없는 욕심 따윈
처음부터 가져본 적도 없는 듯
보잘것없는 줄기 하나에
꽃잎도 없이 성기게 피어나
슬프도록 아리따운
선녀의 눈물
또르르 흘러 내리다 굳어버린
핑크빛 보석인가

❋❋❋ 산지 응달에 여러해살이풀. 40~80cm 가량 자라는 가느다란 줄기에 털이 있고 굵은 마디가 있다. 줄기에 어긋나는 타원형 잎은 양쪽 끝이 좁고 앞면에는 검은 반점이 있는 것도 있다. 늦여름에 줄기 윗부분이나 잎겨드랑이에 이삭 모양의 작은 붉은색 꽃이 성기게 달린다. 꽃잎은 없으며 꽃잎처럼 보이는 꽃받침은 4갈래로 갈라진다.

흰이질풀꽃

이질풀꽃

이러저러한 초록으로 뒤얽힌
칙칙한 풀밭에서
널 처음 만났을 때
문득 가슴 밑창에서부터
맑은 징소리 울리는 듯

애써 태연한 척 다가가
얼굴 마주보고 있자니
기름에 불붙은 것 같은 눈길이 되어
활활 타올랐지

짜릿한 눈싸움 한판 벌이다
맥없이 혼자 돌아서려니
공연히 머뭇거리는 발걸음
목구멍은 왜 또 아릿해지고…

✼✼✼ 산이나 들에 여러해살이풀. 30~50cm 가량 비스듬히 자라는 줄기엔 위로 퍼진 털이 있으며, 줄기에 마주나는 잎은 손바닥 모양으로 3~5개로 갈라지며 가장자리엔 톱니가 있고 잎 양면에는 검은 무늬와 털이 있다. 여름에 가지 끝이나 잎겨드랑이에서 나온 꽃대 끝에 2~3개의 분홍색 또는 흰색 꽃이 핀다. 전초를 이질과 설사에 약재로 쓴다.

이태리금란초꽃

진정 아리따운
온전히 꽃다운 날
오직 하루를 위하여
면면한 삶을 달관한
무던한 날갯짓에
기어코 춤추는 햇살

바라보다 바라보다
영영 눈이 먼다 해도
사랑하다 사랑하다
홀로 가슴 다 녹아 흐른다 해도

여한 없을 눈부심이여!
여한 없을 눈부심이여!

❋❋❋ 관상용으로 기르는 여러해살이풀. 원산지는 이탈리아. 40cm 가량 곧게 자라는 줄기를 감싸며 어긋나는 줄기잎은 넓은 긴 타원형으로 끝이 뾰족하고 가운데 잎맥이 뚜렷하며 가장자리는 물결 모양이다. 여름에 줄기 끝에 긴 꽃줄기가 아래로 늘어지며 날개 같은 작은 잎이 어긋나는데, 처음엔 흰색이다가 점차 붉은 자주색으로 변한다. 잎겨드랑이에 고깔 모양의 노란색 꽃이 1개씩 핀다.

익모초꽃

쭉쭉 벋은 줄기는
하늘 날고 싶은
아무나 넘볼 수 없는
높디높은 기상
세련미 하늘거리는 잎은
이상의 리본 펄럭이는
초록이 무르익는
자유의 깃발

더위도 타지 않는 붉은 입술에
향기도 분분하니
한 마리 꿀벌우
불타는 나그네 심정이 되어

혀에 쥐가 나도록
지독한 사랑의 늪에 빠져버린 오후

✽✽✽ 들에 여러해살이풀. 50~150cm 가량 자라는 네모진 줄기는 가지가 많고 흰 털이 있다. 줄기에 2장씩 마주나는 잎은 3갈래로 깊게 갈라지며 가장자리엔 톱니가 있다. 줄기가 가지 윗부분 잎겨드랑이에 연홍색 자잘한 꽃이 층층으로 돌려가며 핀다. 한방 약재로 쓴다.

일엽주꽃

풀인 듯 싶어 다시 보면
나무인 듯도 싶고
나무인 듯 싶어 다시 보면
풀은 풀인 듯

잎도 가지인 듯
가지도 잎인 듯하니
알 듯 말 듯한 그 속뜻
산처럼 쌓여 가는 야릇함

꽃은 꽃대로
기인의 여정 같은
신비로운 날갯짓
오, 그 눈부심이여!

❋❋❋ 관상용으로 기르는 늘푸른 여러해살이풀. 원산지는 지중해 연안. 마디가 많은 다육질의 땅속줄기에서 모여 나는 줄기는 20~30cm 가량 비스듬히 자라며 단단한 목질이다. 잎은 가죽질의 작은 비늘 모양이며 끝이 가시처럼 뾰족하다. 봄에 긴 달걀 모양의 엽상지 중맥에 암수딴그루의 연둣빛이 도는 흰색 꽃이 피는데, 3장의 외화피는 3장의 내화피보다 크다. 열매는 붉게 익는다.

일일초꽃

널 만나는 날이면
금방이라도 어디선가
반가운 손님이 오실 것 같은
달뜨고 설레는 내 기분
너는 알까

사실은
널 만나 기쁘고 반갑기가
바로 그러하면서도

무슨 눈총 있는 것도 아닌데
짐짓 곁마음인 체
안으로 끌어안는 속눈빛인가

✻✻✻ 관상용으로 화분에 기르는 한해살이풀. 뿌리에서 모여나는 주걱 모양의 잎은 포기를 이루며 땅 위에 둥글게 펼쳐지며 가장자리는 물결 모양이다. 20~30cm 가량 자라는 줄기는 가지가 갈라지며, 봄에 줄기와 가지 끝에 꽃잎 9장의 노란빛이 도는 붉은색 꽃이 위를 보고 핀다.

일일화꽃

잠깐 피었다 지는 까닭은
아주 지는 듯
영영 가는 것은 아니고

발그레한 그리움 한껏 쌓이면
다시 피겠다는
무언의 약속이던가

낮 되면 밤을 그리워하다가도
밤 되면 낮을 기다리듯
낮밤 오가며
꽃을 좇는 붉은 사랑

낮과 밤이
어디 따로던가요

✽✽✽ 관상용으로 꽃밭에 기르는 한해살이풀. 원산지는 서인도. 30~50cm 가량 곧게 자라는 줄기에 마주나는 잎은 긴 타원형으로 가운데 잎맥이 뚜렷하고 가장자리는 밋밋하다. 여름·가을에 줄기 윗부분 잎겨드랑이에 깔때기 모양의 붉은색·흰색 꽃이 위를 보고 피는데 꽃잎은 5갈래로 갈라진다.

자귀풀꽃

언제나 바쁘기만 한
개미들만 분주하게 오갈 뿐
하품 나도록 고요로운
풀밭에 정적을 깬 건
고운 날개 펼친
동화 속의 작은 새를 닮은 꽃
앙증스런 아기 손으로 접어 만든
귀여운 나비의 모습

이를 본 바람결도
마냥 즐거운 듯
눅진거리는 더위도 잊은 채
살랑거리며 웃음 짓는다

아, 어디서 왔을까?

✽✽✽ 논이나 물기 있는 풀밭에 한해살이풀. 50~80cm 가량 자라는 줄기는 가지가 갈라지며 윗부분은 속이 비어 있다. 줄기에 어긋나는 깃꼴겹잎은 20~30쌍의 길쭉한 타원형 작은 잎이 마주난다. 밤엔 마주한 두 잎씩 포개진 모습이 마치 잠을 자는 것 같다 하여 '자귀풀'이라 한다. 여름에 잎겨드랑이 꽃대에 2~3개의 연노란색 나비 모양의 꽃이 핀다.

자라풀꽃

깔끔한 맵시에
물을 다스리는 재주까지 갖춘
믿음직한 둥근 잎 덕택에

사공 없이도
한가로운 뱃놀이가 즐거운
하얀 꽃잎

눈부신 햇살이 일으키는
잔잔한 물그림자에도
임 오시는 기척인가
기우는 마음에
하얀 물결이 인다

✼✼✼ 연못가나 도랑 등 얕은 물에 여러해살이풀. 옆으로 길게 벋는 줄기의 마디에서 뿌리를 내리며 마디에는 2개의 턱잎이 있다. 물 위에 뜨는 둥근 잎은 밑 부분이 심장저이고 앞면은 광택이 나며 뒷면에는 기포가 있어 물 위에 잘 뜨며 거북 등처럼 생긴 그물눈이 있다. 늦여름에 물 위로 올라온 꽃줄기 끝에 3장 꽃잎의 흰색 꽃이 1개씩 피는데 꽃밥은 노란색이다.

자란초꽃

참으로
뜻밖의 귀인을 만난 듯

만날 때
벅차오르던 반가운 마음보다
헤어질 때
긴 아쉬움 때문에

자꾸만 서성이고 말았다오

✾✾✾ 산지 숲속에 여러해살이풀. 20~40cm 가량 곧게 자라는 줄기에 마주나는 넓은 타원형 잎은 끝이 뾰족하고 가장자리엔 고르지 않은 톱니가 있다. 초여름에 줄기 끝에 작은 자주색 입술꽃이 촘촘하게 돌려 가며 아래서부터 핀다.

열매(검게 익음)

자리공꽃

새벽을 알리는
아랫마을 닭 우는 소리에
무럭무럭 잘도 자라며

솔수펑이로부터 들려오는
뻐꾸기 노랫소리에
초롱초롱 켜든
빛나는 촛불인가

영롱한 아침 이슬에
동녘 바람 불어와
사르르 붉꽃 사르면

어느새 깜박이는 눈동자
거울 같은 마음이어라

✽✽✽ 마을 근처에 여러해살이풀. 굵은 뿌리에서 나온 줄기는 1~1.5m 가량 자란다. 양 끝이 좁은 타원형 또는 피침형 잎은 줄기에 어긋나며 잎자루가 있다. 여름에 잎과 마주나는 꽃줄기에 자잘한 흰색 꽃이 촘촘하게 돌려 가며 긴 송아리 모양으로 핀다. 꽃밥은 연분홍색을 띤다. 동글납작한 열매는 검게 익는다. 뿌리를 '상륙'이라 하며 약재로 쓴다.

두메자운영꽃

자운영꽃

따스한 햇살에 잠 깬
붉은 꽃잎에
문득 봄바람 일면
세상은 온통 너의 빛깔

네가 있어
어제보다 산뜻한 바람 사이로

꽃잎은 한 마리 나비 되어
훨훨 날고
나비는 어느새 꽃잎 되어
꽃바람으로 하늘거리네

✽✽✽ 논이나 밭에 기르던 것이 저절로 들에 자라는 두해살이풀. 원산지는 중국. 옆으로 비스듬히 자라는 줄기는 10~25cm 가량 높이로 서며 밑 부분에서 가지를 많이 친다. 줄기에 어긋나는 깃꼴겹잎은 9~11개의 작은 타원형이다. 봄에 잎겨드랑이에서 자란 꽃대 끝에 나비 모양의 붉은색·흰색 꽃이 둥글게 모여 핀다. 꽃에는 꿀이 많으며, 뿌리에 뿌리혹박테리아가 생겨 땅을 기름지게 만든다.

흰개자리꽃 　　　　　　　　　노랑개자리꽃

자주개자리꽃

꿈꾸는 아기의
오물거리는 입술인가
장난치는 나비의
작은 날갯짓인가

뭐라고 소곤대는 소리
들릴 것만 같은
한 무리의 사랑스런 몸짓

마음 깊은 곳으로부터 타오르는
사랑의 불꽃을 보는 듯
황홀한 불보라

시원한 바람 한 줄기가 좋아서
춤으로 화답을 한다

❋❋❋ 길가나 빈터에 여러해살이풀. 원산지는 유럽으로 '알팔라'라 하며, 목초로 재배하던 것이 퍼져 나갔다. 30~90cm 가량 자라는 줄기는 가지가 많이 갈라지고 속은 비어 있다. 줄기에 어긋나는 3출엽은 긴 타원형 또는 피침형으로 가장자리에 톱니가 있다. 여름에 잎겨드랑이에서 나온 꽃대 끝에 자주색 꽃이 송아리를 이루며 핀다.

분홍꽃방망이꽃   흰꽃방망이꽃

자주꽃방망이꽃

이렇게 아름다운 방망이라면
이유야 어떠하든
때리는 사람도
맞는 사람도
행복에 겨운 비명을 지를 것이며
구경하는 사람까지도
싱글벙글 손뼉 치며
즐거워하지 않을 수 있겠는가

산 허리춤에 우뚝 선
보랏빛 유혹에
사정없이 휘말린 날의
짜릿한 추억
그 추억 한아름 묶어
두고두고 아끼며 꺼내봐야겠네

✽✽✽ 산지 풀밭에 여러해살이풀. 관상용으로 심기도 한다. 40~100cm 가량 곧게 자라는 줄기엔 잔털이 빽빽하다. 잎자루가 긴 뿌리잎은 달걀형으로 끝이 뾰족하고 줄기에 어긋나는 타원형 잎은 위로 갈수록 잎자루가 짧아진다. 여름에 줄기 끝이나 위쪽 잎겨드랑이에 작은 종 모양의 자주색 꽃이 촘촘하게 모여 핀다. 어린 잎은 나물로 먹는다.

흰닭의장풀꽃

자주닭의장풀꽃

이슬 젖은 뻐꾸기 소리에
바스스 눈을 뜨면
어느새 눈부신 자줏빛 유혹
찬란한 아침

그 기분 사라지기도 전에
뭐가 그리 바빠서
하루 해도 참지 못하고
서둘러 오므라들고 싶은지

해가 지고
밤이 깊어도
임 향한 뻐꾸기 부름은
그치지 않는데
그치지 않는데

✽✽✽ 꽃밭에 기르는 여러해살이풀. 원산지는 북아메리카. 50cm 가량 자라는 줄기는 뿌리에서 모여 나며, 줄기에 어긋나는 긴 선형 잎은 밑 부분은 줄기를 감싸고 윗부분은 홈이 패면서 뒤로 젖혀진다. 봄·여름에 줄기 끝에 진한 자주색 또는 흰색 꽃이 위를 보고 피는데, 이른 아침에 활짝 피었다가 오후에 시든다. 일명 '양닭개비'라고도 한다.

자주쓴풀꽃

산 산마다
눈부신 오색 단풍
활활 타오르고

들 들판에선
까맣게 변신하는 까마중 열매
도깨비가지 열매는 노랑이로
배풍등 열매는 빨강이로
저마다 농익어 가고 있는데

여위어 가는 따가운 햇살
알뜰히 모아들여
보듬고 쓰다듬어
나붓나붓 피어나는 넌
계절을 다시 만들어낼 줄 아는
숨은 재주꾼이니
내 너를 실컷 찬미하노라

✽✽✽ 산지에 두해살이풀. 30~60cm 가량 자라는 줄기는 약간 네모지며 짙은 보랏빛을 띤다. 줄기에 마주나는 피침형 잎은 잎자루가 없고 양 끝이 좁다. 늦가을에 줄기 윗부분 잎겨드랑이에 보라색 꽃이 피는데, 5장 꽃잎엔 짙은 보라색 줄무늬가 있다. 뿌리가 매우 쓰다.

당잔대꽃

잔대꽃

풀잎에 이슬이 맺혀 있는 것처럼
풀밭에 뿌려 놓은
빛나는 진주를 보듯
눈이 번쩍
가슴이 바빠지며
이내 두근거리는 마음

꽃은 알지도 못하면서
새끼손가락만 한 뿌리를 캐어
잘근잘근 씹어 먹던
고향 뒷동산에서의 추억 한 다발
재잘거리는 조무래기 친구들의 목소리
멀리서부터
꽃종이 울린다

✽✽✽ 산과 들에 여러해살이풀. 40~120cm 가량 곧게 자라는 줄기에 마주나기도 하고 어긋나기도 하는 긴 타원형 또는 긴 달걀형 잎은 끝이 뾰족하고 가장자리에 톱니가 있다. 늦여름~가을까지 줄기 윗부분에 연보라색 또는 하늘색 종 모양의 작은 꽃이 큰 원뿔 모양을 이루며 핀다. 잎이나 줄기를 자르면 흰 액이 나오며 어린순과 도라지처럼 생긴 뿌리를 나물로 먹는다.

잔디꽃

타고난 건강 체질 덕택에
계절도 타지 않고
이러저러한 사람들과
가까이 지내긴 하지만
꽃을 알아주는 이는
별로 없는 것 같으니
왜 아니 섭섭하겠나

눈부시게 햇살 쏟아지는
따스한 봄날
가까이서 눈여겨보면
귀여운 꽃이삭 올망졸망
노란 꽃가루 한입 가득 물었다
하늘 향해 내뿜으면
드러나지 않는 축포가 되어
향기 분분한 바람이 이는데…

✿✿✿ 양지쪽 풀밭에 여러해살이풀. 무덤가나 정원에 심기도 한다. 질긴 뿌리줄기가 옆으로 벋으며 가지마다 가는 수염뿌리를 내린다. 줄기에 어긋나는 칼 모양의 잎은 편평하거나 가장자리가 안으로 약간 말린다. 봄에 10~15cm 가량 자라는 꽃줄기 끝에 자잘한 자갈색 꽃이삭이 피며 씨는 여름에 검게 익는다.

잔털제비꽃

먼 산길 따라 걷다가
갑자기 내 눈이
놀라 멈췄다

한적한 길섶에
홀로 쪼그리고 앉아
하얗게 웃고 있었으니까

마치 날 기다리고 있었던 것처럼
반기는 기색에
나 또한 고마운 마음 앞세워
마주하고 앉아
조심스레 셔터를 눌렀다

녀석도 좋아하겠지!

✣✣✣ 산지 숲 근처에 여러해살이풀. 전체에 잔털이 있어 만지면 부드러운 느낌이 든다. 잎자루가 있는 둥근 달걀 모양의 잎은 끝이 둥글고 가장자리에 물결 모양의 톱니가 있다. 봄에 10~15cm 가량 자라는 꽃줄기 끝에 흰색 꽃이 1개씩 핀다.

분홍장구채꽃   오랑캐장구채꽃

장구채꽃

제법 매끈하게 생긴
곧은 줄기 잘라
장구를 치고 싶었던가?

찌는 듯한 더위쯤은
이미 친숙해진 듯
연분홍 작은 입술 살짝 내밀고
소리 없이 생글거리며
누굴 기다리고 있는 걸까

가벼운 입김에도 살랑대는
한 줄기 실바람
흐뭇한 표정으로 바라보다
싱긋 웃음 지으며
짐짓 머물고 싶은가

✽✽✽ 산과 들에 두해살이풀. 여러 대가 모여 나는 장구채 같은 가는 줄기는 30~80cm 가량 곧게 자라고, 줄기에 마주나는 긴 타원형 또는 넓은 피침형 잎은 털이 조금 있다. 여름에 잎겨드랑이에 흰색 또는 연분홍색 작은 꽃이 몇 개씩 모여 피는데, 꽃받침은 둥근 통 모양이고 꽃잎은 5장으로 끝은 2개로 갈라진다. 어린순은 나물로 먹는다.

꽃장대꽃

장대나물꽃

꼿꼿하게 버티고 있는 줄기 하나
한 치 한 치 자라면서
실낱 같은 꽃자루 입에 물고
위태롭게 피어나건만

먼저 핀 녀석은
어느덧 살며시 눈감고
그리고 아무 말이 없다

아무리 기다린다 해도
탐스러운 송아리
한꺼번에 만나는 건
처음부터 엇간 모양이지만
깜냥으로는 키 자랑하느라
어깨를 으쓱거린다

✽✽✽ 양지 바른 산과 들에 두해살이풀. 40~80cm 가량 장대처럼 곧게 자라는 줄기에 어긋나는 잎은 타원형으로 가장자리가 밋밋하고 끝이 둔하며 밑 부분은 화살촉처럼 되어 줄기를 감싼다. 봄에 줄기 윗부분에 연한 황백색 자잘한 꽃이 위를 보고 핀다. 뿌리에서 돋은 어린순은 나물로 먹는다.

재쑥꽃

계절을 저울질하듯
변덕스러운 봄바람에
정신없이 휘둘리면서도

따스한 햇살이 좋아
온몸으로 즐거운 모습
사랑스럽고 행복한 느낌

어디선가 날아온
노랑나비 한 마리
하늘하늘 날갯짓할 때마다
아지랑이로 피어오르는
아련한 꿈결 같은
달콤한 몸짓

✿✿✿ 들이나 빈터에 두해살이풀. 30~70cm 가량 곧게 자라는 줄기는 윗부분에서 가지가 갈라지며 전체에 흰 털이 있다. 줄기에 어긋나는 잎은 2~3회깃꼴겹잎이며 잎자루는 없다. 작은 잎은 거꾸로 된 피침형으로 톱니는 거의 없다. 봄에 줄기와 가지 끝에 십자 모양의 연노란색 작은 꽃이 촘촘하게 모여 핀다. 어린순은 나물로 먹는다.

전호꽃

고요로운 실바람에도
아랫도리부터 흔들리면서도
코끝을 유혹하는 향기 하나로
존재를 알리느라
여념이 없다

아무리 작은 꽃이라지만
눈앞에 놓인 삶의 무게를
탓하지 아니하고
오래 전부터 몸에 배어
저절로 퍼져 나오는
부드럽고 풋풋한 웃음 폴폴
오가는 바람결에 실어 보내는
은근한 향기 있는 한
아름답고 아름다운 세상

✽✽✽ 숲 가장자리에 여러해살이풀. 60~100cm 가량 자라는 줄기는 가지가 갈라지고 뿌리잎과 줄기 밑 부분의 잎은 잎자루가 길고, 전체가 삼각형으로 보이는 2~3회3출엽이다. 작은 잎은 다시 새깃꼴로 갈라지고 갈래조각에는 톱니가 있으며 뒷면 잎맥 위에 퍼진 털이 약간 있다. 초여름에 줄기와 가지 끝에 자잘한 흰색 꽃이 모여 핀다.

절국대꽃

반기생 체질이란 사실
맘에 두지 않고
당당하게 차리고 나온
그 모습이 좋다

무엇을 갈망하는 듯한
매혹적인 입술 하나로
풀밭을 유린하는
두둑한 배짱

내리쬐는 폭염에도
흐트러지지 아니하고
요염하게 피어나는
타고난 매력에
술렁거리는 풀밭

❋❋❋ 산과 들에 한해살이풀. 30~60cm 가량 곧게 자라는 줄기엔 잔털이 있고, 줄기에 마주나거나 어긋나는 잎은 새깃꼴로 갈라진다. 갈래조각은 선형으로 1~3개의 톱니가 있다. 여름에 줄기 윗부분 잎겨드랑이에 노란색 입술 모양의 꽃이 옆을 보고 피는데, 꽃부리 위쪽엔 긴 털이 있다. 반기생식물로 다른 식물에서 양분을 섭취한다.

흰절굿대꽃

절굿대꽃

딱 마주치는 순간
눈에서 불이 나고
현기증이 일어
비틀거리게 하더니

찬찬히 볼수록
누구도 흉내낼 수 없는
절묘한 생김생김

하늘색과 물색을 한데 풀어 만들어낸
자잘한 꽃부리 모여 모여
눈부시게 둥근 세상
아무리 살펴봐도
아름다움으로 똘똘 뭉친
신비로운 여신인가!

✽✽✽ 산기슭에 여러해살이풀. 1m 가량 곧게 자라는 줄기는 흰빛이 돈다. 줄기에 어긋나는 길쭉한 잎은 새깃꼴로 깊게 갈라지고 잎자루는 없으며 가장자리엔 날카로운 가시가 달린 톱니가 있다. 여름에 줄기와 가지 끝에 남자색 동그란 꽃송이가 달리는데, 작은 꽃부리는 끝이 5개로 갈라지며 뒤로 젖혀져 마치 바람개비 모양으로 보인다.

꽃잎 끝이 갈라지지 않는 개체

점나도나물꽃

작은 만큼 그만큼 더 아름답고
아름다운 만큼
그만큼 더 서러운 꽃아!

어린 아이 솜털 같은
고운 잔털로 멋을 낸
사랑스런 외출이었건만

밭 가는 쟁기날에 쓸려
횡사를 당하거나
기절하여 나자빠질 땐
위로의 말 한마디라도
해 주고 싶은
두고두고 안쓰러운 마음
잊을 수가 없구나

✽✽✽ 길가나 밭에 두해살이풀. 10~30cm 가량 비스듬히 자라는 줄기는 가지가 많이 갈라지고 검은 자줏빛이 돈다. 줄기에 마주나는 달걀형 잎과 줄기 전체엔 잔털이 있다. 봄·여름에 줄기나 가지 끝에 자잘한 흰색 꽃이 몇 개씩 모여 핀다. 5장 꽃잎은 꽃받침과 길이가 비슷하며 끝이 2개로 깊게 갈라진다. 어린순은 나물로 먹는다.

점현호색꽃

살며시 눈웃음 짓는
따스한 햇살이 좋아
봄 마중이라도 나온 듯
가벼운 옷차림

옷깃에 감추고 나온 따뜻한 이야기
오순도순 나누는 듯
정다운 목소리 들릴 것만 같아
가던 걸음 멈추고
조용히 귀 기울이는데

어디서가 불어오는
보이지 않는 바람결에도
마음 서러워
말없이 눈물 흘리는가!

❋❋❋ 산지 숲속에 여러해살이풀. 우리 나라 특산종. 땅속 덩이줄기에서 올라온 줄기는 10~25cm 가량 자라며 물기가 많고 잘 부러진다. 잎은 손바닥 모양으로 갈라지며 약간 두께감이 있으며 잎 표면에 흰 점이 흩어져 있다. 봄에 줄기 끝에 진한 청색이나 보라색 꽃이 몇 개씩 모여 피는데, 꽃의 뒷부분은 기다란 꿀주머니로 되어 있다.

접란꽃

심는 대로
까탈부리지 않고
언제나 제 빛깔로
꿋꿋하게 잘 살아주며

꽃 또한
생긴 그대로의 작은 순백
순백의 지조를 내뿜다가도

삶을 달관한 듯
거침없이 휘어진 줄기에
피 같은 분신
고이고이 길러내는
어미의 정성 어린 아름다운
아름다운 삶이여!

✸✸✸ 화분에 기르는 늘푸른 여러해살이풀. 뿌리에서 모여 나는 잎은 좁고 긴 선형으로 끝이 뾰족하며 밖으로 휘어지면서 보기 좋게 자란다. 여름에 60~90cm 가량 휘어지며 자라는 줄기에 자잘한 흰색 꽃이 띄엄띄엄 하나씩 핀다. 잎 가장자리에 흰색 줄무늬가 있는 것을 무늬접란이라 한다.

접시꽃

잠 깨우는 참새 소리에
눈을 뜨면
어느새 달려와 있는
눈부신 햇살
피할 사이도 없이
삽시에 타오르는
순수의 불길

그 불길 바라보는 눈길마저
선홍색 잉걸불에 녹아
여지없이 타버리는
맑은 영혼이여!

보이지 않는 작은 여유까지 타오르는
믿음의 불꽃 한 접시

❋❋❋ 관상용으로 기르는 두해살이풀. 원산지는 중국. 1~2m 가량 곧게 자라는 원기둥 모양의 줄기엔 털이 있다. 줄기에 어긋나는 잎은 손바닥 모양으로 5~7갈래로 갈라지며 가장자리엔 톱니가 있고 잎자루가 길다. 여름에 잎겨드랑이에 둥근 접시 모양의 붉은색·노란색·흰색·분홍색 등의 꽃이 위로 올라가면서 핀다. 뿌리·줄기·잎·씨앗을 약으로 쓴다.

젓가락나물꽃

막힌 데 없이
속은 비어 있으나
온몸에 거친 털 두르고 나와
거센 비바람에도
꼿꼿한 자세
다부진 푸른 꿈

촉촉한 풀밭에 살면서
여유롭게 빛나는
붉은 햇살이 좋아
하늘 향해 발돋움하며
한 송이씩 피어날 때면

꽃송이만큼 늘어만 가는
여름날의 노란 추억

✽✽✽ 양지쪽 습기 많은 풀밭에 두해살이풀. 40~60cm 가량 곧게 자라는 줄기엔 거친 털이 있으며 속은 비어 있다. 3개로 깊게 갈라지는 뿌리잎은 다시 2~3개로 갈라지며, 줄기에 어긋나는 잎은 위로 올라갈수록 잎자루가 짧아지며 양면에 거친 털이 있다. 여름에 줄기나 가지 끝에 노란색 꽃이 위를 보고 피며 꽃받침 뒷면에도 털이 있다.

밴쿠버제라늄꽃

애플제라늄꽃

제라늄꽃

한 점 티끌도 없이
곱게 차려입고 나온
화사한 맵시에

무심코 내리비치던 햇살도
이내 눈부시다며
가던 걸음 주춤거리고

제멋대로 불어대던
심술쟁이 바람도
두 눈을 힐끔거리며
조용히 비켜가니

오롯한 아리따움에
허겁지겁 춤추는 하늘

❋❋❋ 관상용으로 기르는 여러해살이풀. 원산지는 남아프리카. 30~50cm 가량 자라는 줄기 밑 부분에서 심장 모양의 둥근 잎이 모여 난다. 무늬가 있는 잎은 가장자리에 톱니가 있으며 독특한 향기가 난다. 여름에 긴 꽃대 끝에 붉은색·분홍색·흰색 등의 탐스러운 갈래꽃이 몇 개씩 둥글게 모여 핀다. 잎을 향료로 쓴다.

제비꿀꽃

처음 인상과는 달리
반기생으로 살아가지만
보면 볼수록 신비롭고
기특한 녀석

마치 분을 바르고 나온 것 같은
줄기의 묘한 빛깔도
예사로운 솜씨는 아닌 듯
수염처럼 생긴 이파리까지
자르르 흐르는 멋

꽃잎 없이도
꽃잎처럼 아름다운 꽃받침은
새벽 하늘에 하얀 아기별이 되어
눈만 깜박거린다

❋❋❋ 산기슭 양지쪽에 여러해살이풀. 반기생식물로 15~35cm 가량 비스듬히 자라는 줄기는 흰빛이 돌고 밑 부분에서 가지가 갈라진다. 줄기에 어긋나는 가느다란 선형 잎은 가장자리가 밋밋하다. 여름에 잎겨드랑이에 작은 흰색 꽃이 1개씩 피는데, 꽃잎은 없고 밑 부분이 통처럼 생기고 윗부분이 4~5개로 갈라지는 꽃받침이 꽃잎처럼 보인다.

애기제비난초꽃

제비난초꽃

일렁이는 나무 그림자에
살짝살짝 얼굴 가리며
님 마중 나온 단아한 여인처럼
화사한 미소에
소리 없이 두근거리는 가슴일까

새벽 하늘의 별빛 눈물이라도
바르고 나온 듯
윤기 자르르한 해맑은 입술이
매혹의 소용돌이라면
굽어보고 있는 꿀주머니는
초연함의 진수를 보는 듯하니

검게 굳어버린 나그네 마음마저
봄볕에 눈 녹듯
사르르 녹아 흐른다오

❋❋❋ 산지 숲속에 여러해살이풀. 20~50cm 가량 자라는 줄기 밑 부분에 2장의 타원형 잎이 마주보고 나는데 끝이 둔하고 밑 부분은 좁아져서 줄기를 감싼다. 여름에 줄기 위쪽으로 입술 모양의 황백색 꽃이 돌려가며 피는데, 입술꽃잎은 넓은 선형이며 가느다란 곤봉 모양의 꿀주머니는 아래로 굽는다.

꽃과 어린 열매

제비동자꽃

온통 초록 물결 넘실거리는
우거진 숲속에 살면서
문득 딴 세상이 그리워졌을까

마음 가는 대로
어디든 훨훨 날아다니며
세상 구경하고 싶어
날렵하고 날렵한 제비 꽁지가
필요했을까

몸이야 깊은 산중에 있지만
마음은 진작부터
끊임없는 날갯짓으로
무한한 창공을 누비며
제비의 길동무가 되어 있을지도…

❋❋❋ 중부 이북 산지에 여러해살이풀. 관상용으로 꽃밭에 기르기도 한다. 50~60cm 가량 곧게 자라는 줄기에 마주나는 피침형 잎은 끝이 뾰족하며 밑 부분은 약간 줄기를 감싼다. 여름에 줄기 끝에 탐스러운 주홍색 꽃이 몇 개씩 모여 피는데, 5장 꽃잎 끝 부분이 여러 갈래로 깊게 갈라져 마치 제비 꽁지처럼 보인다.

← 인진쑥꽃 →

제비쑥꽃

시원스런 산바람이 좋아
산에 살아도
제비처럼 바다 위도 날고 싶어
제비쑥이 되었는가

익어 가는 가을 햇살에
그 마음 버무려
그윽하게 피워낸
잔잔한 희망의 꽃
그냥 있기엔 멋쩍고 지루하여
바람 가는 길에
작은 꽃가루 실어 보내며
시나브로 날리는
노란 향기여!

✽✽✽ 산지 풀밭이나 숲가에 여러해살이풀. 30~90cm 가량 자라는 줄기는 가지가 갈라진다. 거꾸로 된 달걀형 잎은 줄기에 어긋나며 윗부분은 끝이 여러 갈래로 얕게 갈라지고 밑 부분은 점점 좁아져 줄기에 붙고 위로 갈수록 잎은 작아지며 마지막엔 손 모양이 된다. 가을에 줄기와 가지 끝에 자잘한 황록색 꽃이 핀다. 어린 순은 나물로 먹는다.

박정자 풀꽃 사진 시집_ 꽃답9

조개나물꽃

따스한 햇살 만연해진 지 오래건만
보송보송한 하얀 털옷 걸치고
다소곳이 앉아서
촉촉이 젖은 듯한
우수에 잠긴 눈빛은
어인 까닭인가

눈부신 자줏빛 입술에 홀려
무작정 다가가 보니
어디서도 본 적 없는
아리따운 꽃탑
꽃탑의 행렬

문득 느낀 연인의 체취처럼
가슴 아뜩한 전율
묘한 회오리바람이 인다

❋❋❋ 산기슭이나 들 양지쪽에 여러해살이풀. 15~25cm 가량 곧게 자라는 자주색 줄기에 긴 흰 털이 빽빽하게 나 있으며 타원형 또는 달걀형 잎이 마주 나 있다. 잎에 있는 긴 흰 털은 차츰 없어진다. 늦봄·초여름에 잎겨드랑이에 입술 모양의 자주색 꽃이 층층으로 돌려 가며 핀다.

← 주름조개풀꽃 →

조개풀꽃

사랑의 열병처럼 붉게 타오르는
산바람 불어오기 시작하면
서둘러 펼쳐 보이는
앙증맞은 날개

꽃구름 피어나는 하늘 향해
두 팔 벌리면
작은 가슴에 와 닿는
찬란한 햇살
그 햇살 따라

말도 없이 고여만 있던
하얀 그리움 한 다발
배시시 웃으며 일어나
너울너울 춤을 춥니다

✽✽✽ 습기 있는 산지에 한해살이풀. 20~50cm 가량 자라는 줄기는 땅 위를 기다가 위로 서며 밑 부분에는 마디가 있으며 털이 있다. 줄기에 어긋나는 달걀형 잎은 끝이 뾰족하고 밑은 심장형으로 줄기를 감싸며 표면과 가장자리에 긴 털이 있다. 가을에 줄기 끝에서 갈라진 가지마다 자잘한 흑자색 꽃이 이삭을 이루며 핀다.

열매(조)

조꽃

혼자 있기엔 너무 작고
힘마저 미약할 것 같아
다같이 모이고 모여
커다란 이삭 만들어
바람 그네 타고 놀 듯
여유까지 부리고 있으니
네 지혜 대단함을
칭찬해 주고 싶구나

작디작은 낟알은
밥이 되고 술도 되고 엿이 되는
오곡의 가문이란 걸 몰라준다고
서운해할 것 없다
이미 너는
소문난 명가의 주인공이니

❋❋❋ 밭에 기르는 한해살이풀. 원산지는 동부 아시아. 100~150cm 가량 곧게 자라는 줄기는 가지가 없다. 좁고 긴 잎은 줄기에 어긋나며 가장자리에 잔톱니가 있다. 늦여름에 줄기 끝에서 긴 이삭이 나와 자잘한 꽃이 빽빽하게 피며 털이 있다. 노란색으로 익는 둥근 낟알은 5곡의 하나로 쌀과 함께 밥을 짓거나 엿과 술의 재료로 쓴다.

조름나물꽃

이렇게 고즈넉한 산 속에서
깜짝 너를 만날려고
어젯밤 꿈에
처음 보는 신기한 하얀 꽃을 보고
그토록 즐거워했나 보다

꿈에 그 꽃처럼
과연 신비롭기 그지없으니
어느새 가슴은 뛰고
바라보던 눈길이 아뜩해지는데

문득, 들려오는 산새 소리에
정신을 가다듬으며
카메라를 잡는다

❋❋❋ 북부 지방 연못이나 늪에 여러해살이풀. 옆으로 벋은 굵은 뿌리줄기 끝에 잎자루가 긴 3출엽이 모여 난다. 작은 잎은 긴 타원형 또는 네모진 타원형으로 잎자루가 없고 가장자리엔 둔한 톱니가 있거나 밋밋하다. 여름에 20~40cm 가량 자라는 꽃줄기 끝에 자잘한 흰색 꽃이 촘촘하게 모여 핀다. 깔때기 모양의 꽃부리는 5개로 갈라지며 꽃잎 안쪽에 긴 털이 빽빽하게 나 있다.

열매

조밥나물꽃

잠시도 참아내기 어려운
한여름 뙤약볕이
힘겹기도 하련만
아무렇지도 않는 것처럼
가녀린 몸매 하늘거리며
방긋방긋 웃음 짓는
해맑은 얼굴

다투듯 몰려드는 벌 나비
머물다 떠날 때마다
허전한 맘이야 어쩔 수 없지만

하룰 살아도
백년같이 살겠노라는
꽃잎의 다부진 언약 되새기며
오늘 하루도 그렇게 살아갑니다

✽✽✽ 산과 들에 여러해살이풀. 30~100cm 가량 곧게 자라는 줄기는 윗부분에서 가지가 갈라진다. 줄기에 어긋나는 피침형 잎은 약간 두꺼우며 거칠고 끝이 뾰족하며 밑 부분은 좁아지고 가장자리에 톱니가 있다. 여름부터 가을까지 가지 끝마다 노란색 꽃이 1개씩 위를 보고 핀다. 어린순은 나물로 먹는다.

흰조뱅이꽃

조뱅이꽃

첫눈에
쓰다듬어주고 싶도록
참하고 복스러운 인상
그 표정에 반해
선뜻 다가갔으나

가시털 내세운 잎사귀의
철저한 방어망에
꼼짝없이 찔린 가슴
수습할 길 없는데

그래도 꽃은
천연덕스럽게
화사함만 뽐내며
킥킥거리고 있더이다

✽✽✽ 밭 주위나 빈터에 두해살이풀. 뿌리줄기가 옆으로 벋으면서 군데군데 줄기가 나와 20~50cm 가량 자란다. 곧은 줄기에 어긋나는 긴 타원형 잎은 가장자리에 가시 같은 털이 있다. 초여름에 줄기와 가지 끝에 분홍색 또는 흰색 꽃이 1개씩 위를 보고 핀다. 종 모양의 총포는 흰 털로 덮여 있으며 포조각은 8줄로 배열된다. 어린순은 나물로 먹는다.

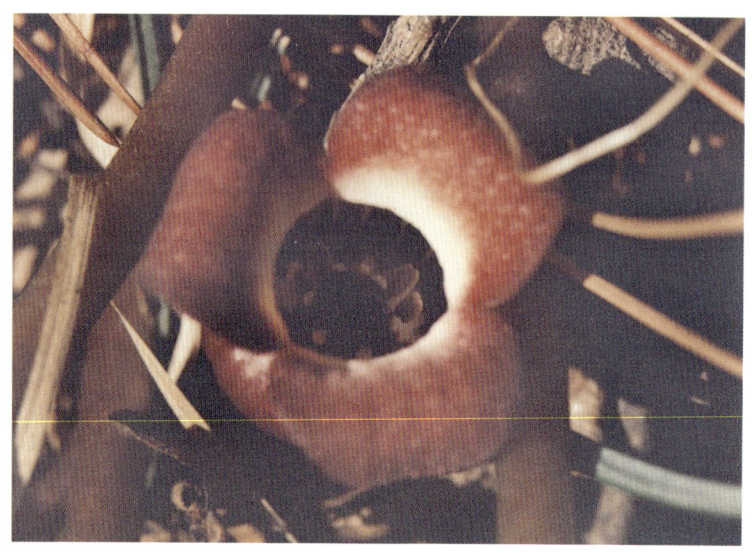

족도리풀꽃

겨우내 얼었다 녹으며
쌓이고 쌓인 묵은 갈잎
그 갈잎 사이로
살며시 얼굴 내밀고
눈만 깜박거려도

벌써 알아차리고
멀리서부터 찾아온
한 줄기 봄바람이건만

뭐가 그리도 부끄러워
말 한마디 못하고
잔뜩 움츠린 채
눈도 마주치지 못하고
옆만 바라보며
무슨 생각하고 있을까

✽✽✽ 산지 숲속에 여러해살이풀. 비스듬히 벋는 뿌리줄기 마디에서 나온 2개씩의 긴 잎자루 끝에 심장 모양의 둥근 잎이 달린다. 초봄에 잎줄기 사이에서 나온 짧은 꽃줄기 끝에 족도리 모양의 홍자색 꽃이 1개씩 옆을 보고 피는데, 끝이 3개로 갈라진다. 뿌리를 약재로 쓴다.

졸방제비꽃

날렵한 제비처럼
훨훨 날고 싶어
한껏 펼친 날개인가

기나긴 겨울도 죽은 듯
묵묵히 견뎌낸 희망
남김없이 뿜어내며
양팔을 펼쳤다

가슴 가득히
햇살아 비춰라
바람아 불어라

✽✽✽ 그늘진 산지나 습지에 여러해살이풀. 15~30cm 가량 자라는 줄기에 흰색 잔털이 조금 있다. 줄기에 어긋나는 세모진 심장형 잎은 잎자루가 길며 가장자리에 둔한 톱니가 있다. 봄에 잎겨드랑이에서 자란 긴 꽃자루 끝에 연보라색·분홍색 꽃이 옆을 보고 피는데, 아래쪽 꽃잎에는 자주색 줄무늬가 있다.

꽃망울

좀가지풀꽃

꽃은 꽃이라 귀엽고
잎은 잎이라 귀여우니
작아도 어디 한 군데
흠잡을 데 없는 녀석

잠깐 피었다 지는 동안
기억해 줄 사람 없다 해도
때맞춰 찾아와 주는
곰살궂은 햇살과
맛있는 바람 있으니
왜 아니 즐겁겠나

하늘과 땅이 무심치 않음도
빼놓을 수 없는
복 중에 복이고

✽✽✽ 산기슭이나 들에 여러해살이풀. 10~50cm 가량 자라는 줄기는 땅을 기거나 비스듬히 서며 줄기와 잎엔 털이 있다. 줄기에 마주나는 넓은 달걀형 잎은 끝이 둥글고 가장자리는 밋밋하다. 초여름에 잎겨드랑이에 노란색 작은 꽃이 1개씩 핀다. 꽃받침조각은 끝이 뾰족하며 꽃잎과 길이가 같다. 가지처럼 생긴 작은 열매가 아랠 보고 열린다.

자주꿩의다리꽃

좀꿩의다리꽃

언제 끝날지도 모르게
몇 날 며칠 이어지는
눅눅하고 답답한 날씨
아무리 못마땅해도

홀로 보송보송
젖은 바람 날려보내며
긴 허리 하늘하늘
가벼운 몸짓

고만고만한 벌들 모여와
윙윙 노래 부르고
고운 나비 함께
나붓나붓 춤추면
세상에 무엇이 부족하며
그 무엇이 부러울까

❋❋❋ 산과 들에 여러해살이풀. 50~150cm 가량 곧게 자라는 가는 줄기는 윗부분에서 가지가 갈라진다. 줄기에 어긋나는 잎은 2~4회3출엽으로, 달걀형 작은 잎은 끝이 3개로 얕게 갈라지며 뒷면엔 흰빛이 돈다. 여름에 갈라진 가지마다 자잘한 황백색 꽃이 모여 피는데, 전체를 보면 커다란 원뿔 모양으로 보인다.

화살사초꽃 　　　피사초꽃 　　　대사초꽃

좀보리사초꽃

복스러운 보리 되길 꿈꾸다
그 꿈 이루지 못했다고
미련마저 버릴 순 없어 저리고 시린 마음
바람에 실어 보내기도 하지만

아직도
그 바람 한 조각
가슴속에 남아
때로는 새로운 불씨 되어
웃음 웃는다

바람아 불어라
내 웃음도 저 멀리 날아가게

❋❋❋ 바닷가 모래땅에 여러해살이풀. 줄기는 10~25cm 가량 자라며 대체로 무리 지어 산다. 잎은 줄기보다 길다. 초여름에 줄기 끝에 3~5개의 작은 이삭이 달리는데, 끝에는 수꽃이삭이고 그 밑에는 암꽃이삭이다. 세모진 열매는 작은 보리이삭 모양이다.

← 벋음씀바귀꽃 →

좀씀바귀꽃

우주가 아무리 넓고
하늘이 아무리 높다지만
오직 땅심 하나 믿고
가장 낮은 자세로
짧은 꽃줄기에 힘 실어
온몸으로 피어나는 꽃

가지지 않아도 괜찮은 것
아예 갖지도 않았지만
이미 버릴 것 또한 다 버리고
취할 것만 취한
알뜰한 삶

오가는 바람결도 좋아라
그치지 않는
눈부신 날의 고운 춤이어라

✽✽✽ 산과 들 풀밭에 여러해살이풀. 가는 줄기는 옆으로 벋으며 마디에서 뿌리가 나와 퍼진다. 줄기에 어긋나는 넓은 달걀형 잎은 잎자루가 잎몸보다 길다. 초여름에 10~15cm 가량 자란 꽃줄기가 2~3개로 갈라진 가지 끝에 노란색 꽃이 1개씩 위를 보고 핀다.

참좁쌀풀꽃

좁쌀풀꽃

눈앞에 펼쳐진 온 천지
초록으로 어우러질 때

눈가에 맺힌 이슬
구슬처럼 떨구며
스스로 눈부심도 잊은 채
쉬임없이 방싯거리고만 있는
노란 애기꽃님들

영롱한 아침 햇살에
화들짝 놀란 가슴
아직 진정하기도 전에
하얀 마음 파고드는
벌들의 애무로
어느 결에 시작된
찬란한 바람의 하루

✿✿✿ 들이나 산기슭에 여러해살이풀. 30~100cm 가량 곧게 자라는 가는 줄기는 윗부분에서 가지가 갈라진다. 끝이 뾰족한 피침형 잎은 잎자루가 없고 표면에 검은 점이 있으며, 줄기에 2장씩 마주나거나 3~4장씩 돌려나기도 한다. 여름에 줄기와 가지 끝 부분에 자잘한 노란색 꽃이 촘촘하게 모여 송아리로 핀다.

열매

좁은잎배풍등꽃

넌 도대체 누구냐?
아무리 뜯어보고 또 봐도
배풍등꽃을 닮긴 했는데
흰옷 아닌
연보라색 옷을 입었으니
내 짧은 식견에
어찌 중얼거리지 않았겠나

숨막히는 무더위 따윈
다 남의 일인 듯
무조건 끌어안고 싶도록
깜찍 발랄한
세련된 무희를 보는 듯하니

나도야 날아오를 것 같은
꽃 같은 마음일세

✽✽✽ 산과 들에 덩굴지는 한해살이풀. 80~100cm 가량 자라는 줄기는 가지가 많이 갈라지고 윗부분은 길게 벋는다. 줄기에 어긋나는 긴 달걀형 잎은 끝이 뾰족하다. 여름에 마디 사이에서 자란 꽃대에 연보라색 꽃이 피는데, 5개 꽃잎은 깊게 갈라져서 뒤로 젖혀진다. 열매는 붉게 익으며 '산꽈리'라고도 한다.

종이꽃

긴긴 여름을 한껏 풍미하고도
해야 할 일 더 남았는지

먼 산에 첫눈 소식 들리도록
빠닥빠닥한 색종이
구겨지지도 바래지지도 아니한 채
오색 날개 그대로다

진짜 종이보다
더 진짜 종이 같다는
소풍객의 찬사를 귓가로 들으며

세상에 꽃으로 태어난
보람 한 꾸러미를 안고
휘휘 하늘 구경 나서는 듯싶구나

✽✽✽ 관상용으로 꽃밭에 기르는 한해살이풀. 60~80cm 가량 곧게 자라는 줄기는 윗부분에서 가지가 갈라진다. 줄기에 어긋나는 피침형 잎은 끝이 뾰족하며 잎자루는 없다. 여름·가을에 줄기와 가지 끝에 주황색·노란색·분홍색·흰색 등의 탐스러운 꽃이 1개씩 위를 보고 피는데, 꽃잎은 윤기가 나며 종이처럼 매끄럽고 빠닥빠닥하다.

종지나물꽃

세상 일 다 접어 놓고
쪼그리고 앉아
눈 맞추고 있으면

따스한 햇살
한입 가득가득 물고
양 볼을 볼록거리며
쉬임없이 소곤거리는 것만 같다

먼바다 건너와 살아도
고향 땅에서처럼
자고 새면 즐거운 나날
깜박이는 사랑의 눈길 속에
피어오르는 정다움의 샘물

✱✱✱ 꽃밭에 기르는 여러해살이풀. 원산지는 북아메리카. 15cm 가량 자라는 잎은 밑동에서 모여 나며 잎자루가 잎몸보다 길다. 종지 모양의 심장형 잎은 끝이 약간 뾰족하며 가장자리엔 톱니가 있다. 봄에 잎 사이에서 올라온 꽃줄기 끝에 제비꽃과 비슷한 모양의 꽃이 1개씩 피는데, 보라색 흰색 황록색 등이 있다. 검은자주색으로 익는 열매는 타원형이다.

누운주름잎꽃

주름잎꽃

메마른 땅 위에
키랄 것도 없는 키로
그냥 누워 있는 것 같아도
비스듬히 폼재고 서 있는 줄기며
옆구리에 주름진 잎은
분명 멋쟁이 중에 멋쟁이

얼굴 맞대고
바라보고 있노라면
고운 화장품
저며 바르고 나온
은근한 입술에

눈부신 햇살
정신없이 녹아납니다

✿✿✿ 빈터나 밭에 한해살이풀. 5~15cm 가량 자라는 줄기는 밑에서 가지가 갈라져 비스듬히 서거나 곧게 자란다. 줄기에 마주나는 거꾸로 된 달걀형 잎은 가장자리에 둔한 톱니가 있고 옆면에 주름이 있다. 봄부터 가을까지 줄기 윗부분에 연자주색 꽃이 몇 개씩 피는데, 아랫입술꽃잎 가운데에 2개의 노란 줄무늬가 있다. 어린순은 나물로 먹는다.

흩어져 날리는 열매

주홍서나물꽃

꽃잎 없이도 화사한 얼굴
멀리서도 눈에 띄는
탐스러운 모습에
새벽 바람도 좋아라
고운 이슬 모여들고

끝도 없이 속삭이는
정다운 이야깃주머니
무슨 사연 그리도 많은지

숙인 고개 위로
문득 가을바람 불어오면
잊었던 고향 그리워
그리운 노래 부르는가

✽✽✽ 길가나 빈터 산기슭에 한해살이풀. 원산지는 아프리카. 30~80cm 가량 곧게 자라는 줄기는 물기가 많다. 줄기에 어긋나는 긴 타원형 잎은 밑 부분이 불규칙하게 깃꼴로 갈라지며 가장자리에 톱니가 있다. 가을에 줄기나 가지 끝에 꽃잎 없는 주홍색 꽃이 몇 개씩 한쪽으로 고갤 숙이며 핀다. 흰 솜털 달린 씨가 익으면 고갤 위로 쳐든다. 어린 잎줄기는 향기가 있어 나물로 먹는다.

중대가리풀꽃

흙에서 멀어질 수 없는
작달막한 키 가지고
기는 재주 하난 타고 났으니

땅 짚고 살살 기어다니며
쉴 때마다 뿌리 하나씩 내리면
어느새 세상은 자기 차지

편안하게 누워
하늘만 바라보고 있어도
꿈꾸듯이 늘어나는
사랑스런 피붙이들

중대가리면 어쩌고
소대가리면 어쩔 텐가?

✽✽✽ 집 근처나 밭에 한해살이풀. 10~20cm 가량 자라는 줄기는 땅 위를 기면서 벋으며 가지가 많이 갈라지고, 마디에서 가는 뿌릴 내린다. 주걱 모양의 잎은 가지에 어긋나며 끝이 둔하고 밑은 쐐기 모양이다. 여름에 잎겨드랑이에 작고 둥근 녹색(갈색이 도는 자주색도 있음) 꽃이삭이 1개씩 달린다. 열매는 4개의 모서리가 있고 끈적끈적하다.

어린 열매

중의무릇꽃

조요로운 산속
답답하게 고여 있는 듯해도
따스한 햇살 한 무리에
행복에 겨운 몸짓을 하며
달랑 잎 하나면
세상을 다 얻은 듯
넉넉한 마음 되어
방긋방긋 피어나는 꽃

마치 묵은 갈잎들이
바람에 흔들릴 때마다
작은 별 하나씩을 만들어내듯
신비스럽고 놀라운
숨은 이야기 소곤거린다

✽✽✽ 산지 풀밭에 여러해살이풀. 달걀형 땅속 비늘줄기에서 자란 줄기는 15~25cm 가량 자라며, 아래쪽에서 1개의 좁고 긴 잎이 나와 꽃줄기를 감싸고 잎몸은 안쪽으로 약간 말리며 비스듬히 휘어진다. 봄에 꽃줄기 끝에서 갈라진 가지마다 1개씩의 작은 노란색 꽃이 위를 보고 핀다. 어린 잎과 비늘줄기는 약으로 쓴다.

하이포에스테스 콤펙트폼꽃(아프리카)

쥐꼬리망초꽃

오가는 사람들마다
본 체도 아니하고
지나가 버리기 일쑤지만

어쩌다 한번이라도 눈여겨보았다면
아리따움으로 똘똘 뭉친 널
결코 잊을 수 없어
오면가면 발걸음 멈추고
기웃거리게 될 거야
너 있던 풀밭을

작은 꼬리마다 감춰진
연분홍빛 눈망울
그 숨은 매력
눈앞에 아른거릴 테니까

✻✻✻ 들이나 길가에 한해살이풀. 네모진 줄기는 옆으로 벋다가 가지가 많이 갈라지면서 10~40cm 가량 자라며 마디가 있다. 줄기에 마주나는 긴 타원형 잎은 끝이 뾰족하다. 여름에 줄기나 가지 끝에 원통형 꽃이삭에 입술 모양의 작은 분홍색 꽃이 촘촘하게 돌려 가며 핀다. 아랫입술꽃잎은 흰 바탕에 붉은 반점이 있다.

쥐꼬리풀꽃

꼬리 맨 끝까지
한 송이씩 차근차근
살살 피어 올라가는
깔끔맞은 성품 하나
기특하고 기특하여

몇 날 며칠을 보고 또 보며
공연히 달뜬 마음을
아마도 넌 모를 걸

맑고 고운 눈빛 하나로도
마치 유유한 세월처럼
나대지도 않고
서둘지도 않는 네 모습이
문득문득 보고파질 거야

❋❋❋ 산지에 여러해살이풀. 굵은 뿌리줄기에서 모여 나는 뿌리잎은 좁고 긴 선형으로 3개의 잎맥이 뚜렷하다. 초여름에 뿌리잎 사이에서 나온 꽃줄기는 30~50cm 가량 곧게 자라고 꼬부라진 흰 털이 있으며 몇 개의 작은 잎이 달린다. 꽃줄기 끝 부분에 붉은빛이 도는 자잘한 흰색 꽃이 이삭처럼 촘촘하게 붙어서 아래서부터 핀다.

열매

쥐방울덩굴꽃

우거질 대로 우거진 수풀이
온통 자기 무대라도 되는 양
고사리 같은 손길 닿는 대로
멋대로 잡고 오르면서
온갖 재주 부리다가

잠깐씩 쉴 때마다
푸른 풍선 하나씩 매달고
벌 나비 오라 해놓고

어느 것이 꽃인 줄 몰라
쩔쩔매는 벌 나비 귀엽다며
터질 듯한 방울 딸랑딸랑
여름 한철을 풍미하네

❋❋❋ 숲가에 덩굴지는 여러해살이풀. 1~5m 가량 자라는 줄기에 어긋나는 심장형 잎은 잎자루가 길고 뒷면은 흰 가루로 약간 덮혀 있다. 여름에 잎겨드랑이에서 자란 꽃자루에 작은 연녹색 꽃이 피는데, 윗부분은 고깔 모양으로 벌어지며 한쪽 끝은 길고 뾰족하며 밑 부분은 둥글게 부풀어 있다. 가을에 둥근 열매가 익으면 6갈래로 갈라지며 매달려 낙하산처럼 보인다.

핑크스트레인꽃

쥐손이풀꽃

언뜻 눈길에
이질풀꽃 사촌인가 싶어
갸웃거리기도 했지만

짐짓 헷갈리는 마음
잠시 가다듬고
찬찬히 살펴보니

타는 듯한 햇살에도
다부진 숨은 매력
참한 차림 속에
오붓한 비밀이 있었구나

✤✤✤ 산과 들 풀밭에 여러해살이풀. 땅을 약간 기는 줄기는 30~80cm 가량 자라며 가지가 갈라지고 아래를 향한 털이 있다. 잎자루가 긴 잎은 손바닥 모양으로 깊게 갈라지고 가장자리엔 고르지 않는 톱니가 있다. 여름에 줄기 윗부분 잎겨드랑이에서 자란 꽃줄기 끝에 5장 꽃잎의 분홍색·흰색 꽃이 1~2개씩 피어난다.

흰쥐오줌풀꽃

쥐오줌풀꽃

어둔 밤을 고아 빚은
하얀 이슬 타고 내려온
천상의 아기별
솟아오르는 아침 햇살에
영롱하게 반짝이는 눈망울

숲속을 거닐던 바람결도
두 눈이 부시다며
머뭇거리는 흰 구름 핑계 삼아
슬며시 맴돌며 맴돌며
가슴을 태운다

꽃향기에 배어 나오는
은은한 뿌리 향까지 음미하면서

✽✽✽ 산지 풀밭에 여러해살이풀. 40~80cm 가량 곧게 자라는 줄기에 마주나는 잎은 깃꼴겹잎이며 작은 잎 가장자리엔 톱니가 있다. 초여름에 줄기와 가지 끝에 자잘한 연분홍색 꽃이 촘촘하게 모여 송아리를 이루며 핀다. 옆으로 벋는 땅속 뿌리줄기에서 강한 향기가 나며 한방에서 진통제로 사용한다. 어린순은 나물로 먹는다.

지리바꽃

언뜻
투구꽃인 줄만 알고
하마터면
아주 그냥 지나칠 뻔하였으니
얼마나 얼마나 다행인가!

생각할수록
아찔한 느낌에
소름이 오스스 돋는다

네 이름 이렇게 남기게 된
나의 기쁜 마음에
연보랏빛 바람이 분다
연보랏빛 바람이

❊❊❊ 지리산·중부 이북 산지에 여러해살이풀. 1m 가량 곧게 서는 줄기에 어긋나는 잎은 손바닥 모양으로 깊게 갈라지고 갈래조각은 다시 깃 모양으로 갈라진다. 늦여름~가을에 줄기 윗부분 잎겨드랑이에서 자란 꽃대에 여러 개의 연보라색·자주색 꽃이 어긋나게 붙어서 피는데, 꽃 모양은 투구꽃과 비슷하다. 유독식물이며 약재로 쓴다.

지칭개꽃

온 세상이 얼어붙은
눈보라의 계절도 이겨낸
뿌리잎의 굳은 인내 있었기에

살랑이는 봄바람 타고
그침없이 자라더니
예쁜 분솔 하나씩 입에 물고
재롱잔치에 빠졌다

때때로 날리는
달콤한 분 향기에 묻어나는
여보랏빛 그리움
솔솔 피어오를 때마다

두근거리는 가슴을 빤히 아는 듯
발그레한 얼굴을 간지럽히는구나

❋❋❋ 밭이나 들에 두해살이풀. 뿌리잎은 깃꼴겹잎으로 방석처럼 땅바닥에 펼쳐져 겨울을 난다. 60~80cm 가량 자라는 곧은 줄기는 가지가 많이 갈라지고 줄기에 어긋나는 줄기잎은 깃꼴겹잎으로 뒷면엔 흰빛이 도는 솜털이 있다. 초여름에 줄기와 가지 끝에 연자주색 꽃이 1개씩 핀다. 어린순은 나물로 먹는다.

지황꽃

거짓이라고는 눈곱만큼도 없는
온통 붉음의 축제

마주치는 얼굴마다
어우러지는 화사함에 젖어
너나없이 덩달아
닫힌 가슴을 연다

물결 흘러가듯
끝없이 퍼져나가는
보이지 않는 힘이여
그 이름 아름다움이었네

✽✽✽ 약욕으로 기르는 여러해살이풀. 원산지는 중국. 굵은 뿌리는 옆으로 벋으며 뿌리잎은 모여 난다. 30cm 가량 곧게 자라는 줄기에 어긋나는 잎은 긴 타원형으로 잎자루가 있으며 표면에 주름이 지고 뒷면엔 그물맥이 있으며 가장자리엔 굵은 톱니가 있다. 초여름에 긴 꽃대에 꽃자루가 있는 종 모양의 연한 홍자색 꽃이 어긋나게 피는데, 끝은 입술 모양이며 5갈래로 갈라진다. 뿌리를 약으로 쓴다.

진교꽃

푸른 하늘 보란 듯이
청청하게 흘러내리는
계곡 물소리 따라
신비로운 보랏빛 옷자락 펄럭이며
선녀들이 내려온다

선녀들이 심심할 땐
무슨 생각을 하며
무얼 하고 놀까
끼니때가 되면
무얼 먹고 살까

생각하면 할수록
일거수일투족이 궁금하여
눈을 뗄 수가 없구려

✽✽✽ 산지 그늘에 여러해살이풀. '진범'이라고도 한다. 80~120cm 가량 비스듬히 자라는 덩굴성 줄기에 어긋나는 잎은 손바닥 모양으로 3~5갈래로 갈라지며 갈래조각은 다시 갈라지기도 하며 가장자리에 톱니가 있다. 늦여름에 줄기 끝과 잎겨드랑이에 술 모양을 이루며 보라색 꽃이 모여 핀다. 옆을 보고 피는 꽃은 뒤쪽 꽃잎이 고깔처럼 전체를 위에서 덮어 투구를 쓴 것처럼 보인다.

진득찰꽃

어쩌다 오가는 사람
한둘 있다 한들

꽃이라며 다가올 이 없음을
알고도 남는 터에
누굴 원망하고
무얼 탓하겠는가

그래도 잊지 않고 찾아주는
햇살 한 줄기에
가벼운 바람 일면
나는야 내 멋에 겨워
벅찬 꿈을 꾸지요
한 톨 씨앗을 위한
간절한 소망 있기에

❋❋❋ 들이나 밭 근처에 한해살이풀. 40~100cm 가량 자라는 곧은 줄기에 마주 보고 가지가 갈라지며, 줄기에 마주나는 세모진 달걀형 잎은 가장자리에 톱니가 있고 잎 양면엔 누운 털이 있다. 늦여름에 가지나 줄기 끝에 자잘한 노란색 꽃이 모여 핀다. 열매를 싸고 있는 5개 주걱 모양의 총포조각에 나 있는 털에는 끈끈한 액체가 묻어 있다.

질경이택사꽃

뜨겁게 내리쬐는 한낮의 열기도
대수롭지 않은 듯
훌훌 떨쳐내며
여유롭게 서 있는
넉넉한 잎사귀 밑고

하늘까지라도 날아오를 것처럼
포륵포륵 들릴 듯
하얀 날갯짓

가지 가지 끝에 자리잡은
작은 꿈터에 걸터앉아
쉬임없이 종알종알
물그림자도 즐거운 듯
초연하고 초연하구나

✽✽✽ 논이나 연못가에 여러해살이풀. 긴 달걀형 뿌리잎은 끝이 뾰족하고 밑 부분은 둥그스름하다. 짧은 뿌리줄기에서 모여 나는 두꺼운 잎은 비스듬히 서며 5~7개의 세로맥이 있고 잎자루가 길다. 늦여름·가을에 60~90cm 가량의 꽃줄기 윗부분에 5~6개씩의 가지가 층층으로 돌려나며 다시 갈라진 잔가지 끝에 3장 꽃잎의 작은 흰색 꽃이 핀다.

산짚신나물꽃

짚신나물꽃

소리 없이 내리는
한 방울 이슬에도
새치름해지고
한 파람 바람에도
온몸으로 만끽하는 자유로움
햇살 한 줄기로
찬란한 아침을 맞는다

이름 불러주는 사람 없음을
서운해 하지 아니하고
꽃인 듯 바람인 듯
푸른 하늘을 마시며
아리따운 꿈의 동산을 나는 듯
멈출 수 없는 날갯짓

✽✽✽ 산과 들에 여러해살이풀. 30~100cm 가량 자라는 가는 줄기에 털이 있으며, 줄기에 어긋나는 깃꼴겹잎에는 5~7개의 작은 타원형 잎이 달리고 가장자리엔 톱니가 있다. 잎자루 밑에 달리는 반달 모양의 턱잎은 크며 한쪽에만 톱니가 있다. 여름에 줄기와 가지 끝에 자잘한 노란색 꽃이 돌려 가며 모여 핀다. 열매에 갈고리 같은 억센 털이 있어 옷에 잘 달라붙는다.

차풀꽃

생글생글
장난스러운 노랑이 웃음 웃음에
풀밭은 장난꾸러기들의 놀이터

먼지 낀 마음까지 녹일 듯한
연둣빛 찻물에
눈이 즐겁고
향기에 젖은 혀
녹녹해지는 지친 몸

갓 쓰고 두루마기 입은
조선시대 선비 아니라도
풀 맛이 차 맛이요
차 맛이 풀 맛이니
온 풀밭이 차밭이구려

✽✽✽ 빈터나 냇가 근처에 한해살이풀. 30~60cm 가량 자라는 줄기엔 가는 털이 많고, 줄기에 어긋나는 잎은 깃꼴겹잎으로 15~35쌍의 작은 잎이 마주난다. 작은 잎은 길쭉한 타원형으로 밤엔 마주하는 두 잎씩 포개진다. 여름에 잎겨드랑이에 1~2개씩 작은 노란색 꽃이 핀다. 잎과 줄기는 차의 재료로 쓴다.

참깨꽃

밤새 맺힌 이슬에
함초롬히 젖은 입술
무슨 말 하려다가

느닷없이 불어오는
뜻 모를 바람 한 줄기에
말 한마디 못한 채
또르르 떨어진다 해도

아무 일 아니라는 듯
웃으며 떠나는 꽃

밤을 새우며 도란거리던
깨알 같은 사연들
고스란히 안고서

✽✽✽ 밭에 기르는 한해살이풀. 원산지는 아프리카. 80~100cm 가량 자라는 네모진 줄기는 마디가 많고 흰색 털이 빽빽하다. 줄기에 마주나는 긴 타원형 잎은 잎자루가 길며 끝이 뾰족하고 윗부분의 잎은 어긋나기도 한다. 여름에 윗부분 잎 겨드랑이에 연자줏빛이 도는 입술 모양의 흰색 통꽃이 아랠 보고 핀다. 작은 씨인 참깨로 기름을 짜서 먹는다.

참골무꽃

눈감으면
아스라이 들려오는
고요한 파도 소리에
잠자던 귀가 열리고

그 물결 실어오는
싸아한 바닷바람에
설레는 가슴 안고

영롱한 이슬 물고 있는
자줏빛 입술은
누굴 기다리느라
쉬이 열지 못하는가

누굴 기다리느라
쉬이 열지 못하는가

❋❋❋ 바닷가 모래땅에 여러해살이풀. 뿌리줄기가 옆으로 길게 벋으며, 10~40cm 가량 자라는 네모진 줄기엔 털이 있다. 줄기에 마주나는 긴 타원형 잎은 끝이 둥글고 가장자리에 둔한 톱니가 있으며 양면에 털이 있다. 여름에 줄기 윗부분 잎겨드랑이에 입술 모양의 자주색 꽃이 1개씩 한쪽으로 치우쳐 핀다.

170　　　　　　　　　　　　　　　박정자 풀꽃 사진 시집_ 꽃답9

참꽃마리꽃

널 보고
참하면서 소탈하기가
둘째가라면 섭섭해 하겠지?

홀로인 듯 외로워 보이지 않고
깍쟁인 듯 수더분하게
아무데나 자리잡고 살면서도
언제 보아도
느긋한 네 모습이 좋아

볼 때마다
한걸음에 지나치지 못하고
자꾸만 서성거린다오

✽✽✽ 산기슭 습기 있는 곳에 여러해살이풀. 우리 나라 특산종. 뿌리잎과 함께 모여 나는 줄기는 10~20cm 가량 자라며 땅 위로 벋는다. 전체적으로 짧은 털이 나 있으며, 뿌리잎은 잎자루가 길고, 줄기에 어긋나는 달걀형 잎은 잎자루가 위로 갈수록 짧아진다. 봄·초여름에 줄기 윗부분에서 나온 긴 꽃자루 끝에 연보라색 또는 연분홍색 꽃이 판다. 꽃부리는 5개로 갈라진다.

참나리난초꽃

온다는 낌새도 없는
산바람 한 파람을
눈이 빠지도록 기다리다가

골짜기 골짜기 따라
가만가만 찾아 갔더니
은은한 녹색 향기 내뿜는
풋풋한 입술
정갈한 매무새는
흐트러진 데 하나 없이…

보이지도 않는
임의 숨결마저 온몸으로 애무하며
소리 없이 춤추는
목숨 같은 나신의 심정

✾✾✾ 깊은 산지에 여러해살이풀. 우리 나라 특산종. 달걀형 헛비늘줄기는 땅 위로 나와 있으며, 묵은 줄기 옆에서 2개의 긴 타원형 잎이 나오는데 밑 부분이 잎자루의 날개처럼 된다. 여름에 잎 사이에서 나온 10~20cm 가량의 꽃줄기 윗부분에 녹자색 꽃이 돌려 가며 핀다. 입술꽃잎은 거꾸로 된 달걀형으로 가운데서 밑으로 활처럼 굽는다.

열매

참나물꽃

몇 번인가
아주 가까이 보았으면서도
긴가민가하여 갸우뚱거리다
줄기 하날 씹어 보고서야
믿게 되었으니

반가움과 미안한 마음이 뒤섞여
울컥 눈물이 튀어나올 것만 같았다

드디어, 참나물꽃을 만났다…

얄미운 녀석!
깜찍한 녀석!

❋❋❋ 산지 그늘에 여러해살이풀. 50~80cm 가량 자라는 줄기에 어긋나는 잎은 3출엽으로 잎자루는 밑 부분이 넓어져 줄기를 감싼다. 작은 잎은 달걀형으로 끝이 뾰족하고 가장자리에 톱니가 있다. 여름에 줄기와 가지 끝에 겹산형꽃차례에 자잘한 흰색 꽃이 모여 송아리를 이루며 핀다. 연한 잎과 줄기는 향기가 좋아 나물로 먹는다.

참당귀꽃

반짝이는 건강미를 내세운
우람찬 기운
하늘에 퍼져나고

수놓은 듯 맺힌 이슬
방울방울 진주목걸이
눈부신 자줏빛 날개
어디서 온 귀인일까

체면도 모르는
온갖 벌과 벌
치열하게 윙윙거리고
이름 모를 작은 벌레까지
질질 침을 흘리며
목숨 같은 피를 흘려도

누구도 벗어날 수 없는
묘약 같은 향기의 굴레

✽✽✽ 산지에 자라는 여러해살이풀. 심어 기르기도 한다. 곧고 굵은 줄기는 1~2m 가량 자라며 전체에 자줏빛이 돈다. 타원형 잎집은 줄기를 둘러싸고 있다가 벗겨진다. 늦여름에 줄기와 가지 끝에 자잘한 자주색 꽃이 촘촘하게 모여 둥근 송이를 이룬다. 뿌리를 약재로 쓴다.

참반디꽃

꽃이 피었다는 사실
아는 자
이마를 쓰다듬으며 지나가는
촉촉한 바람 말고
누가 또 있을까?

여름 한복판
우거질 대로 우거진 숲속에
혼자 눈만 깜박거리며 지내는
작은 꽃의 하루가 혹시 서러움일까

하지만
가시로 무장한 열매의
야문 꿈이 있는 한
피고 또 피겠지

❋❋❋ 산지 숲속에 여러해살이풀. 30~100cm 가량 곧게 자라는 줄기는 가지가 갈라지고, 뿌리잎은 잎자루가 긴 3출엽인데 양쪽 옆의 갈래잎이 2갈래로 갈라져 5장처럼 보이며, 주름진 잎은 가장자리에 톱니가 있다. 줄기잎은 잎자루가 짧은 3출엽이다. 여름에 줄기와 가지 끝에 자잘한 흰색 꽃이 모여 핀다. 둥그스름한 열매 곁엔 가시가 있다.

참배암차즈기꽃

다소곳해 보이는
수수한 차림차림이
고즈넉한 숲가에
잘 어울린다고 여겼으나

기실은
새침한 듯
은근한 유혹의 몸짓

살짝 흔들고 지나가는
바람결 아니었으면
깜빡 넘어갈 뻔했다오

❋❋❋ 산지에 여러해살이풀. 50~70cm 가량 곧게 자라는 줄기엔 잔털이 있다. 줄기 밑 부분에 촘촘하게 마주나는 잎은 긴 달걀형으로 끝이 둔하거나 짧게 뾰족하며 밑은 심장저와 비슷하고 가장자리엔 둔한 톱니가 있다. 줄기잎은 잎자루가 짧고 뿌리잎은 길다. 여름에 줄기 윗부분 마디마다 입술 모양의 노란색 꽃이 4~6개씩 옆을 보고 피는데, 암술대가 길게 밖으로 나온다. 꽃받침과 꽃잎에 잔털이 있다.

네잎참사랑꽃

참사랑꽃

다만 내보이는
얼굴만 발그레하지 아니하고

푸른 잎 사이사이로
보일 듯 말 듯 드러나는
꽃줄기 잎줄기까지
온전히 발그레한
그 까닭을

이제야 알겠노라
이제야 알겠노라

❋❋❋ 관상용으로 화분에 기르는 여러해살이풀. '세잎클로버'라고도 한다. 뿌리에서 모여 나는 3출엽은 가장자리가 둥근 세모꼴이며 긴 잎줄기는 붉은색이다. 봄·여름에 10~20cm 가량 자라는 붉은 꽃줄기 끝에 '사랑초꽃'과 비슷한 모양의 분홍색·붉은색 꽃이 1개씩 위를 보고 핀다. 잎이 4개이며 잎줄기·꽃줄기가 연갈색이고 잎 안쪽으로 갈색 무늬가 있는 품종도 있다.

참외꽃

야산 기슭에서
우연히 마주친
뜻밖의 행운
한 줄기 외로운
철 지난 개똥참외꽃

그 자유로움이
어찌나 예쁘고 산뜻한지
한참을 머물며
말을 걸었다

어쩌다 여기까지 와서
혼자 꽃을 피웠느냐?
이렇게 늦게 피면
참외는 언제 열어 익으라고…

✽✽✽ 밭이나 비닐 하우스에 기르는 덩굴성 한해살이풀. 원산지는 인도. 전체에 거친 털이 있다. 1.5~2m 가량 자라는 줄기는 땅 위를 벋으며 잎겨드랑이에서 덩굴손이 나온다. 줄기에 어긋나는 잎은 손바닥 모양으로 얕게 갈라진다. 여름에 잎겨드랑이에 노란색 통꽃이 피는데 꽃잎은 5갈래로 갈라진다. 타원형 노란색 열매는 수분이 많으며 단맛이 난다.

참취꽃

답답하고 지루한 여름날을
묵묵히 견뎌내며
천지 기운 하나로 모아
꼿꼿함 잃지 않고 있더니

산들거리는 가을바람에
작은 소매 흔들어 보이며
바람처럼 피어나는 꽃

골짜기를 물들이며 유혹하는
고운 단풍 바라보며
잠시 흔들릴 법도 하지만
유유한 몸짓 하나로
하얀 희망의 노래
꿈결 같은 향연일세

✽✽✽ 산지에 여러해살이풀. 심장 모양의 뿌리잎은 잎자루가 길며 가장자리에 굵은 톱니가 있으며, 꽃이 필 때쯤 말라 죽는다. 1~1.5m 가량 곧게 자라는 줄기는 끝에서 가지가 갈라진다. 줄기에 어긋나는 긴 타원형 잎은 양면에 껄끄러운 털이 있으며 가장자리에 톱니가 있다. 가을에 줄기 끝에 자잘한 흰색 꽃이 핀다. 어린순은 나물로 먹는다.

무늬창포꽃

창포꽃

연못에 내려앉은 파란 하늘처럼
아름다운 느낌
솔솔 그윽한 향기까지
뭔가 좋은 일 있을 것만 같은…

어찌 보면
덜 익은 무슨 열매 같기도 하고
또 어찌 보면
웅크리고 있는 벌레의 알집 같기도 한
이상야릇한 첫인상

꽃을 꽂인 줄도 모르고
지나치기 십상이라
공연히 심란해지는 마음
달랠 수가 없었답니다

✽✽✽ 연못이나 개울가에 여러해살이풀. 옆으로 벋는 줄기뿌리는 통통하고 마디가 많다. 무더기로 나오는 칼 모양의 잎은 70~100cm 자라며, 밑 부분이 서로 얼싸안으며 2줄로 포개지며 가운데 잎맥이 굵게 튀어나온다. 초여름에 잎처럼 보이는 꽃줄기 끝의 한쪽으로 자잘한 황록색 꽃이 모여 긴 타원형 꽃이삭으로 달린다. 전체에 향기가 있어 뿌리와 잎을 우려 머리를 감기도 하였다.

채송화꽃

올망졸망 재잘재잘
정답게 모여 앉아
해님 오시기 기다렸다가
부서지는 햇살 분 바르고
전신을 드러내면

비로소 켜지는
형형색색 작은 등불
새로운 변신

꼭꼭 숨겨 두었던
부푼 가슴
안으로 안으로 쓸어 안으며
스스로 타오르는
눈부신 불춤이여!

✳✳✳ 꽃밭에 기르는 한해살이풀. 원산지는 남아메리카. 10~15cm 가량 자라는 줄기는 붉은빛을 띠며 가지가 많이 갈라지고 전체가 통통한 다육질이다. 줄기에 어긋나는 잎은 뭉툭한 굵은 바늘 모양이며 잎겨드랑이에 흰털이 뭉쳐 난다. 여름·가을에 가지 끝에 분홍색·노랑색·흰색·자주색 꽃이 1~2개씩 위를 보고 핀다.

천궁꽃

숲에 가려 보이지 않아도
있는 곳 알 수 있음은
네 몸에서 풍기는
너만의 향내
숨길 수 없기 때문

그냥 있어도
온몸으로 전하는
오묘한 향기

지는 해 따라
꽃 지고 나도
그 향기 그대로 남아
솔솔 나돌고 있으니

혹여 뒤틀린 오장도 싱글벙글
향기로 숨을 쉽니다

❋❋❋ 산기슭에 여러해살이풀. 원산지는 중국. 밭에 기르던 것이 퍼졌다. 전체에 특유한 향이 있으며 50~80cm 가량 곧게 자라는 줄기는 가지가 갈라진다. 잎은 2회깃꼴겹잎으로 어긋나며, 작은 잎은 달걀형으로 잔톱니가 있다. 늦여름에 줄기 끝에 자잘한 흰색 꽃이 둥글게 모여 핀다. 한방에서 약재로 쓴다.

열매

넓은잎천남성꽃

천남성꽃

사는 곳 따라
천의 얼굴로 나타나지만
꽃을 지켜내는 꽃덮개의
한결같은 정성
하늘도 알고 있기에
아무 탈 없이
무럭무럭 자라지요

꽃덮개에 가려 있는 꽃이삭은
곁에 있어도 알아채지 못하고
그냥 지나치기 일쑤지만

붉은 열매의 노골적인 유혹은
차마 뿌리칠 수 없어
먼데서도 득달같이 달려가지요

✽✽✽ 산지에 여러해살이풀. 둥글넓적한 알줄기에서 수염뿌리가 나와 사방으로 퍼진다. 30~60cm 가량 자라는 줄기엔 자주색 반점이 있기도 하다. 줄기에서 나온 1개의 잎은 긴 잎자루에 7~11개의 작은 잎이 새발 모양으로 붙는다. 봄에 줄기 끝에 둥근 막대 모양의 꽃이삭이 녹색 꽃덮개 속에서 핀다. 가을에 옥수수 이삭 모양의 열매가 붉게 익는다. 전초에 독성이 있으며 알줄기를 약재로 쓴다.

천사의나팔꽃

비밀스런 깊은 숲속에
누가 있길래
장중한 음악 소리 울려퍼지는가

가없이 푸른 하늘
올려다볼 생각은
처음부터 해본 적도 없는 듯
오로지 땅을 향한 오랜 정성
끝이 없음은
이미 천지를 다 아우르고 있음인가

하지만, 문득문득 찾아오는 바람결은
피할 맘 없는 듯
온몸을 내맡기며
그침 없이 노래 부른다

✿✿✿ 관상용으로 온실이나 화분에 기르는 여러해살이풀. 1.5~2m 가량 곧게 자라는 줄기는 가지가 갈라진다. 줄기 윗부분에 어긋나는 넓은 타원형 잎은 잎자루가 길고 끝은 뾰족하며 가장자리엔 고르지 않는 둔한 톱니가 있다. 여름에 줄기 윗부분에 커다란 나팔 모양의 노란색 꽃이 아랠 보고 늘어지며 핀다.

천상초꽃

해맑은 미소에
군더더기라곤 찾아볼 수 없게
깔끔한 인상

가냘픈 몸매가
어딘지 쓸쓸해 보이면서도
딱히 그렇지도 않는
묘한 그 느낌이 좋은데

소리 없이 부는
실바람도 좋아라
정신없이 흔들리는 허리마저
볼수록 사랑스러워
자꾸만 눈길이 간다

✽✽✽ 관상용으로 화분에 기르는 한해살이풀. 가는 줄기는 10~15cm 가량 자라며 가지가 갈라진다. 봄에 줄기 끝이나 줄기 윗부분 잎겨드랑이에 연분홍색 꽃이 1개씩 위를 보고 핀다.

흰천일홍꽃

천일홍꽃

눈이 저리도록
곱디고운 빛깔
눈부신 자태로 태어남도
남부러워할 일이건만

오래오래 피어 있기까지 하니
복이란 복은 다 챙긴
행운의 꽃

그 행운 빛나게 갈고 닦아
천지를 녹일 듯
활활 뜨거운 가슴까지
애써 숨기지 아니하고
타오르는 불길에
던져버린 핏빛 사랑이여!

❋❋❋ 관상용으로 꽃밭에 기르는 한해살이풀. 원산지는 중남미 열대 지방. 원줄기는 30~50cm 가량 자라며 곧게 서며 가지가 갈라진다. 줄기에 마주나는 잎은 거꾸로 된 달걀형으로 잎자루가 있으며 전체에 털이 있다. 여름·가을에 줄기와 가지 끝에 붉은색 둥근 꽃이삭이 1개씩 핀다. 꽃이 오래 피어 있기 때문에 '천일홍'이라 한다.

청닭의난초꽃

무더위가 아무리 기승을 부린다 해도
네가 있는 골짜기라면
물바람 아니어도
모두가 시원할 거야

맑고 고운
너의 푸름을
어느 누구도 막을 수 없을 테니까

처음부터 넌
맑음을 안고 태어나
푸름으로 살아가는
고고한 삶

✿✿✿ 산지 습기 있는 곳에 여러해살이풀. 전체에 갈색 짧은 털이 있다. 뿌리줄기가 옆으로 벋으며 마디에서 뿌리를 내린다. 30~60cm 가량 곧게 자라는 줄기에 어긋나는 넓은 타원형 잎은 끝이 뾰족하고 위로 갈수록 좁고 작아진다. 여름에 줄기 윗부분 잎겨드랑이에 녹색 꽃이 피는데, 입술꽃잎은 연한 녹색이며 입술꽃잎 끝 부분은 삼각형이고 안쪽은 갈색이다.

암초롱꽃

초롱꽃

마냥 우거진 숲속에
홀연히 나타나더니
다소곳이 고개 숙인 채
솔솔 풋향기 내뿜는
단아한 황백색 초롱
조롱조롱 매달려
오붓하게 불 밝히면

풀잎 서걱이며 다가온
산들바람 맞이하여
그늘진 마음까지 환하게 하는
소담한 꽃불

하늘과 땅을 아우르는
고고한 등불이 된다

✦✦✦ 산지 풀밭에 여러해살이풀. 30~80cm 가량 곧게 자라는 줄기엔 잔털이 있고, 잎자루가 긴 뿌리잎은 달걀 모양의 심장형이다. 줄기에 어긋나는 세모진 달걀 모양의 잎은 가장자리에 고르지 않는 둔한 톱니가 있다. 초여름에 줄기 끝과 위쪽 잎겨드랑이에 기다란 종 모양의 황백색 꽃이 아랠 보고 핀다. 어린순은 나물로 먹는다.

촛대승마꽃

가슴에
이런 조명탑 하나씩 들여놓으면
세상 어디서라도
길 잃어 헤맬 일
그런 일 없을 것이며

아무리
엉망으로 얽히고설킨
그런 일이라 할지라도
하룻밤 자고 새면
술술 술술 풀릴 것이며

느닷없이 끼어든
눈앞에 욕심 때문에
잠깐 검은 마음 품었다가도
눈 한 번 감았다 뜨면
하얗게 하얗게 빛날 것이외다

❋❋❋ 깊은 산지에 여러해살이풀. 1~1.5m 가량 곧게 자라는 줄기에 어긋나는 잎은 2~3회3출엽이며, 작은 잎은 달걀형으로 끝이 뾰족하고 3개로 갈라지기도 하며 가장자리에 톱니가 있다. 여름에 줄기 윗부분에 자잘한 흰색 꽃이 돌려 가며 피는 모습이 마치 촛대처럼 보인다.

촛불맨드라미꽃

붉은 정열만으로는 모자라
기어이 불을 붙였는가

이왕 촛불로 타오르려거든
힘 없어 밀려나는 자들
아파서 고통스러운 자들
가난해서 힘겨운 자들
착해서 손해보는 자들
순해서 눈에 띄지 않는 자들을 위해
빛나는 촛불이 되거라

재미삼아 들고 나가는
그런 촛불 말고
보이기 위한
반대만을 위한
그런 촛불 말고
맨가슴 태워 어둔 세상 밝히는
그런 촛불로 살기라

✽✽✽ 관상용으로 꽃밭에 기르는 한해살이풀. 원산지는 열대 아시아. 맨드라미와 같으나 꽃의 모양이 촛불처럼 생겼으며, 일명 '개맨드라미'라고도 한다.

층층이꽃

곧게 벋은 줄기마다
층층을 이루며
둥글게 둥글게 모여 피는 꽃이
너 하나만 있는 건 아닌데
'층층이꽃'을 이름으로 가졌으니
넌 분명 행운의 꽃

그 행운
너무나도 소중한 걸 알기에
꽃 진 자리도 꽃다운
진홍빛 사랑 넘쳐
온갖 벌 나비 흥겹고

한눈팔며 지나가는
한 줄기 바람마저
머물다 가게 하는구나

❋❋❋ 산과 들에 여러해살이풀. 30~60cm 가량 곧게 자라는 네모진 줄기는 윗부분에서 가지가 갈라진다. 줄기에 마주나는 달걀형 잎은 끝이 뾰족하며 가장자리에 톱니가 있다. 여름에 줄기와 가지 윗부분 잎겨드랑이에 자잘한 홍자색 꽃이 촘촘하게 돌려 가며 층을 이루며 핀다. 어린순은 나물로 먹는다.

진퍼리잔대꽃

층층잔대꽃

창문 가득히
초롱초롱 빛나는
보랏빛 작은 등불의 행렬
둥글게 둥글게 빙빙
아름다운 지구의 유희

가까이 다가갈수록
오감을 휘어잡는 싱그러운 향내
사방으로 내뿜어
오묘한 기운 감돌고

가만히 귀 기울이면
꽃물 오르는 풀빛 이야기
도란도란 흘러 나온다

✲✲✲ 산지 풀밭에 여러해살이풀. 1m 가량 자라는 곧은 줄기에 마디마다 긴 타원형 잎이 3~5개씩 돌려나고, 끝이 뾰족한 잎은 가장자리에 거친 톱니가 있다. 여름에 줄기 윗부분에 층층으로 돌려난 가지마다 좁은 원통형 모양의 보라색 꽃이 아랠 보고 핀다. 암술대가 길게 밖으로 나온다. 어린순과 도라지처럼 생긴 뿌리를 나물로 먹는다.

치커리꽃

빛과 바람이 합작한
멋들어진 보랏빛 향연

가끔씩은 두고 온 고향 생각에
그리움 쌓인다 해도
그 그리움보다 더 빛나는
꽃다운 오늘의 기쁨

낯설고 물설다고
변할 수 없는 그 향기

어디서 어떻게 살든
같은 지구 위에서
같은 태양 바라보고 살기에

✸✸✸ 밭에 기르는 여러해살이풀. 원산지는 북유럽. 50~150cm 가량 자라는 줄기는 가지가 많고 털이 있다. 뿌리에서 모여 나는 잎은 가운데 잎맥이 굵고 자줏빛이 돌기도 하며, 깃꼴로 깊게 갈라지며 주름이 많고 가장자리에 톱니가 있다. 줄기와 잎에서 쓴맛과 독특한 향기가 난다. 여름에 줄기와 가지 끝에 혀 모양의 보라색 통꽃이 모여 핀다. 잎을 쌈으로 먹고 뿌리는 약재로 쓴다.

카네이션꽃

언젠가부터
계절의 여왕이라는 5월의 꽃이 되어
사랑과 감사를 이어주는
꽃 중의 꽃이런가

어버이 가슴마다
따스하게 피어나면
여기저기 웃음꽃 바다
넘실거리는 보람의 물결

눈이 부시도록 푸른 하늘엔
봉싯봉싯 피어나는
하얀 꽃구름

✽✽✽ 관상용으로 기르는 여러해살이풀. 원산지는 유럽과 서부 아시아. 전체가 분백색이며 줄기는 40~50cm 가량 곧게 자라며 줄기에 마주나는 선형 잎은 밑 부분이 합쳐지며 끝은 뾰족하다. 여름에 윗부분 잎겨드랑이나 줄기 끝에 1~3개의 붉은색·노란색 꽃이 피며 향기가 있다. 꽃잎은 퍼진 부분은 거꾸로 된 달걀형이며 끝은 얕은 톱니 모양이다.

카라꽃

군더더기 없는
단촐함 하나 가지고도
충만한 자신감
빛난다

애써 꾸미거나
잔재주 부리지 않고도
눈길 사로잡는
당당한 모습

타고난 그대로의 순수
그냥 내놓아도
이렇게 멋스러운 것을

✽✽✽ 관상용으로 온실에 기르는 여러해살이풀. 뿌리에서 모여 나는 넓고 큰 잎은 긴 타원형으로 끝이 뾰족하며 가장자리는 밋밋하다. 봄에 30~50cm 가량 자라는 꽃줄기 끝에 한쪽 끝이 길고 뾰족하며 반대쪽 한쪽이 갈라진 나팔 모양의 연자주색·흰색·노란색 등의 꽃이 1개씩 위를 보고 핀다.

카렌듈라꽃

눈만 뜨면 마주 바라보이는
붉은 태양 바라보다
뜨거운 가슴 주체할 수 없어
태양처럼 피어나는 꽃

노랗게 노랗게 물들다
지칠 즈음엔
짐짓 갈색 웃음 웃으며
시원스런 바람으로
다시 태어나기라도 하는 듯

사위가 타들어 가는 듯
숨막히는 열기에도
시들 줄을 모르는구나

✽✽✽ 관상용으로 기르는 한해살이풀. 50~80cm 가량 곧게 자라는 줄기는 가지가 갈라지며, 줄기에 어긋나는 피침형 잎은 잎자루가 없으며 위로 올라갈수록 점점 작아지고 끝은 뾰족하다. 여름에 줄기와 가지 끝에 노란색·주황색·연갈색 등의 탐스러운 꽃이 1개씩 위를 보고 피어난다.

카밀레꽃

강렬한 햇볕을 좋아하면서도
다소곳이 뒤로 젖힌
하얀 꽃잎
요염한 것 같으면서도
참하고 참하더니

은은하게 풍기는
능금 향기는
또 어찌된 것이냐

낯설지 않은 첫인상부터
예사롭지 않았으니
가까이 들여놓고
두고두고 보고 싶구나

✿✿✿ 꽃밭에 기르는 두해살이풀. 원산지는 유럽. 30~60cm 가량 자라는 줄기에서 능금 향기가 나며 밑에서 가지가 많이 갈라진다. 줄기에 어긋나는 잎은 잎자루가 없으며 밑 부분은 줄기를 감싸며 2~3회 깃꼴로 갈라지고, 갈래는 선처럼 가늘고 길며 긴 털이 있는 것도 있다. 여름에 줄기와 가지 끝에 흰색 두상화가 1개씩 위를 보고 핀다. 다 핀 꽃잎은 뒤로 젖혀진다. 강장제로 쓴다.

카틀레야꽃

과연
넓고 넓은 꽃 세상에서
빼어난 여왕답게
눈부심의 신화

지구촌 어딜 가나
제일 빛나는 자리 차지함이
너무나도 당연한 듯
언제나 당당한 모습

사방을 둘러봐도
진정 견줄 만한 자 없으니
오히려 밍밍하거나
따분하진 않을까

✽✽✽ 관상용으로 온실에 기르는 서양란의 일종. 주로 중남미에 많이 분포하고 있다. 꽃이 단정하고 화려한 색채와 향기가 두드러진다. 지역에 따라 사철 다양한 종류가 있다.

칼랑코에꽃

귓불이 시려드는
꽃샘추위 따윈
아랑곳하지도 아니하고

통통한 줄기 끝마다
오순도순 모여 앉아
재잘재잘
정다운 이야기 주고받다가

문득, 창밖에 날리는
하얀 눈발 바라보며
마치 딴세상 구경이라도 하듯
깔깔대며 웃는 모습도
귀엽고 귀엽구나

❋❋❋ 관상용으로 기르는 여러해살이풀. 원산지는 마다가스카르. 20~30cm 가량 자라는 줄기에 마주나는 잎은 통통한 다육질이며 넓은 타원형으로 두꺼우며 윤기가 돌고 가장자리에 자잘한 톱니가 있거나 얕게 패여 있다. 초봄부터 여름까지 줄기와 가지 끝에 자잘한 주홍색 꽃이 위를 보고 모여 핀다. 유럽에서 많은 품종이 개발되었다.

칼잎용담꽃

'용담꽃' 그 이름만 들어도
가슴 뛰게 설레는데
멋들어진 칼잎 늘어뜨려
맵시까지 부렸으니
자신감 넘쳐 흐르는
당당한 아리따움
그 무엇에 비기랴

살랑거리는 가을바람에 실려
살그머니 기우는 태양 아래
눈부신 미인 잔치
질펀하게 벌이는가 싶더니

어느덧 칼끝에 묻어나는
보랏빛 정념
활활 타오른다

❀❀❀ 산지에 여러해살이풀. 1m 가량 곧게 자라는 줄기에 마주나는 긴 피침형 잎은 끝이 뾰족하고 3개의 잎맥이 뚜렷하다. 늦여름부터 가을까지 줄기 끝과 잎 겨드랑이에 꽃자루 없는 종 모양의 보라색 꽃이 위를 보고 피는데, 꽃잎은 5개로 갈라지며 꽃부리 안쪽엔 무늬가 있다.

캄파룰라꽃

꽃은 꽃대로
잎은 잎대로
마냥 풋풋하고 싱그럽다
느닷없이 입맛이 돌 정도로

보라색과 초록의
상큼한 조화가 새삼스럽다
녀석만의 멋이
따로 있는 모양이다

가만히 바라보고 있으면
꽃 속에서 불현듯
신바람이 솟아날 것만 같으니 말이다

✸✸✸ 관상용으로 꽃밭에 기르는 한해살이풀. 15~20cm 가량 곧게 자라는 줄기에 어긋나는 잎은 피침형으로 끝은 뾰족하고 가장자리엔 톱니가 있다. 초가을에 줄기 끝이나 윗부분 잎겨드랑이에 보라색 또는 흰색 꽃이 위를 보고 핀다.

컴프리꽃

처음 만났을 때
무성한 풀밭에서도
눈에 띄게 건강한 잎과 줄기
거친 털로 무장한
억센 차림차림이라
좀 섬뜩한 느낌으로
발걸음 멈칫거리며
고개 갸웃거렸는데

막상 그 꽃은
고개도 쳐들지 아니하고
얼굴 붉히며
다소곳이 피어 있는
참하고 참한 모습 사랑스러워
보고 또 보며 즐거웠다오

✽✽✽ 들이나 빈터에 여러해살이풀. 원산지는 유럽. 60~90cm 가량 곧게 자라는 줄기는 거친 털이 많고 가지가 갈라진다. 줄기에 어긋나는 긴 달걀형 잎은 끝이 뾰족하고 잎자루는 위로 갈수록 작아지다가 없어진다. 여름에 가지 끝에 여러 개의 담자색·흰색 꽃이 아랠 보고 핀다. 꽃부리는 긴 통 모양으로 끝이 5개로 갈라진다. 잎은 나물로 먹는다.

켈로네꽃

오늘 봐도 여전히
무슨 말 할 듯 말 듯
웃을 듯 말 듯

내일 오면
들을 수 있을까
볼 수 있을까

파란 하늘이 너무 맑아
그리 망설인다면
흰 구름 한 자락
와 달라 말해 볼까

❋❋❋ 관상용으로 꽃밭에 기르는 여러해살이풀. 원산지는 북아메리카. 30~50cm 가량 곧게 자라는 줄기에 어긋나는 진록색 잎은 넓은 타원형으로 끝이 뾰족하며 가장자리에 톱니가 있다. 가을에 줄기 윗부분에 분홍색 꽃이 촘촘하게 붙어 피는데, 꽃잎은 활짝 벌어지지 않는다.

코레옵시스꽃

어디선가 본 듯한 얼굴 같아
반가운 마음 앞섰으나
이내 주춤해진 걸음

국화꽃 가문이
이렇게도 넓다는 걸
넌지시 보여주기라도 하려는 듯
지나가는 마음 끌어모으며

초여름 햇살이
적이 눈부신 듯
맑은 눈을 깜박거리며
살랑살랑 흔드는 머리채
곱기도 하여라

✽✽✽ 관상용으로 꽃밭에 기르는 여러해살이풀. 60~80cm 가량 자라는 줄기는 가지가 많이 갈라진다. 줄기 윗부분에 어긋나는 피침형 잎은 대개 3갈래로 갈라지는데 가운데 갈래는 크고 길며 갈래조각 끝은 뾰족하다. 초여름에 줄기와 가지 끝에 머리 모양의 노란색 꽃이 위를 보고 핀다.

코스모스꽃

전혀 내 뜻과는 상관 없이
무심코 내뿜는 찬바람에
미친 가슴 헝클어지듯
엉망으로 휘둘리다가도
이내 정신 차리고
환하게 웃는 것은
보고픈 사람 하나 있기 때문이며

피할 수 없는 비바람으로
밤새껏 몸살을 겪고서도
아주 쓰러지지 아니하고
다시 추스르고 일어남도
다 그러하기 때문임을
잊지 말아주소서

❋❋❋ 길가나 공원에 관상용으로 기르는 한해살이풀. 원산지는 멕시코. 콜럼버스가 아메리카 대륙을 발견한 후 유럽에 전하였다고도 한다. 1~2m 가량 자라는 가는 줄기는 가지가 많이 갈라지며, 가늘게 갈라지는 잎은 줄기에 마주난다. 여름부터 가을까지 줄기와 가지 끝에 6~8장의 혀 모양의 꽃잎을 가진 붉은색·분홍색·흰색·노란색 등의 꽃이 탐스럽게 핀다. '갈국화'라고도 한다.

화려한 색깔의 잎

콜레우스꽃

꽃 피기 전엔
잎이 꽃인 양 화려하기까지 하더니

꽃 피어나니
보랏빛 새 버선 신고 나와
사뿐사뿐 공중을 거니는 듯

혼자 보고 말기엔
참 아깝다고 생각하다가도
막상 누가 바라보고 있으면
은근히 요동치는 시새움
어쩔 수 없으니

아름다움도 죄란 말
널 두고 한 말인 듯

❋❋❋ 관상용으로 기르는 한해살이 또는 여러해살이풀. 원산지는 아프리카·인도네시아. 40~80cm 가량 자라는 네모진 줄기엔 잔털이 있으며 가지가 많이 갈라진다. 줄기에 마주나는 달걀 모양의 잎은 끝이 뾰족하며 가장자리엔 둥근 톱니가 있고, 잎몸은 여러 가지 색깔로 화려하며 잎자루는 길다. 여름·가을에 줄기와 가지 끝에서 나온 꽃줄기에 나비 모양의 보라색 꽃이 돌려 가며 핀다.

열매

콩꽃

숨막히는 불볕더위가
오히려 제격인 양
빛나는 눈망울에
풋풋한 향내

가만히 들여다보니
영락없는 갓난아이의
초롱초롱한 눈동자
활짝 피어나는 한아름의 소망

한 톨
잘 여문 콩알을 위한
반짝이는 집념
살아 숨쉬는 보석이더이다

✿✿✿ 밭이나 밭둑·논둑에 기르는 한해살이풀. 원산지는 중국. 40~60cm 가량 자라는 줄기에 어긋나는 잎은 3출엽으로 잎자루가 길고 작은 잎은 타원형이며 전체에 갈색 털이 있다. 여름에 잎겨드랑이에 붉은자주색·흰색 나비 모양의 갈래꽃이 핀다. 녹색 꼬투리 속에 3~4개의 노란색·검은색·녹색 둥근 씨가 익는다. 씨는 된장 간장 두부 콩죽 등의 재료가 되며 밥 떡에 넣어 먹는다.

콩다닥냉이꽃

냉이로 알아봐 주는 사람
별로 없음이
이가 될까 해가 될까

한껏 자라 꽃을 피우도록
눈길 하나 주지 않는
섭섭한 마음이야 어쩔 수 없지만
손타지 않고 살아남는
행운 하난 얻은 셈이니
그래도 살아볼 만하지 않는가

다닥다닥 영근 씨 뿌려
내년을 기다리면서

✽✽✽ 들이나 길가에 한두해살이풀. 원산지는 북아메리카. 30~50cm 가량 자라는 곧은 줄기는 윗부분에서 가지가 갈라진다. 길쭉하게 무잎을 닮은 뿌리잎은 꽃이 필 무렵 없어지고 거꾸로 된 피침형 잎은 줄기에 어긋난다. 초여름에 줄기와 가지 끝에 자잘한 흰색 꽃이 밑에서부터 피어 올라간다.

콩제비꽃

따사로운 봄볕에
어딘지도 잘 모르고
어미 따라 나온 햇병아리처럼
눈부신 햇살도 버거운 듯
살랑대는 바람결도 힘에 부친 듯
걸음마저 위태로운 것 같아도

저희들끼리 모이면
쉬임없이 재잘재잘
하루해가 짧은 듯
그치지 않는 웃음소리

하지만 너무 작아
제비가 알아보기나 할런지 모르겠다

✽✽✽ 산기슭 습기 있는 곳에 여러해살이풀. 뿌리에서 모여 나는 뿌리잎은 둥근 콩 모양으로 가장자리에 톱니가 있다. 줄기에 어긋나는 잎은 뿌리잎보다 작다. 7~15cm 가량 자라는 줄기는 밑에서 가지가 갈라져 옆으로 퍼진다. 봄에 줄기 끝에 작은 흰색 꽃이 옆을 보고 피는데, 맨 아래쪽 꽃잎엔 자주색 줄무늬가 있다.

쿠페아꽃

여린 나무 같기도
참한 풀 같기도
오밀조밀 쪼그리고 앉아서

맑은 하늘 좋다면서도
노란 햇살 눈부시다며
투정 섞인 소리
들릴 듯 말 듯

아침 저녁
계절이 바뀌는 줄도 모르고
바람 따라 피고 지며
하루 종일 방긋거리네

✿✿✿ 관상용으로 기르는 여러해살이풀. 원산지는 멕시코. 햇볕을 좋아하며 추위에 약하다. 관목으로 보기도 한다. 30~50cm 가량 자라는 줄기는 가지가 많이 갈라진다. 봄부터 가을까지 잎겨드랑이에 작은 분홍색 꽃이 촘촘하게 핀다.

크로커스꽃

아직도 못다 사라진
쌀쌀한 바람 사이로
따스한 햇살 끌어 모은
봄빛 알갱이

새벽 하늘의 잔별
한 소쿠리 쏟아져
향긋한 흙 향기 바르고 나온
별빛 그 원석

저마다 색깔로 말하는
서로 다른 사연들
소복소복 담아
알알이 피어나는
아릿한 봄의 향연

✿✿✿ 해가 잘 드는 모래땅에서 자라는 여러해살이풀. 원산지는 지중해. 뿌리에서 뭉쳐나는 가늘고 긴 잎은 10~20cm 가량 자라며 가운데 흰색 줄이 있다. 초봄에 올라온 잎보다 짧은 꽃줄기 끝에 흰색·노란색·자주색 등의 꽃이 피는데, 꽃잎은 6갈래다. 꽃은 낮에 벌어지고 저녁엔 오므라든다.

열매

크로코스미아꽃

제멋에 겨운 듯
보란 듯 나타나
눈부신 차림차림 날리며
빛나는 햇살을 만나
남의 넋을 빼앗아가더니

한 줄기 봄바람 핑계 핑계
저만 혼자 춤추면

바라보고만 있던
설레는 가슴은
어이할까나
어이할까나

❋❋❋ 관상용으로 꽃밭이나 화분에 기르는 여러해살이풀. 뿌리에서 모여 나는 잎은 좁고 긴 선 모양으로 끝이 뾰족하며 뒤로 휘어진다. 봄에 30~70cm 가량 자라는 꽃줄기 끝에 붉은색·주황색·분홍색·흰색 등의 꽃이 여러 개씩 휘어지며 핀다. 다양한 품종이 있다.

선개불알풀꽃

선개불알풀꽃 열매

큰개불알풀꽃

아마도
어느 길가에 살다가
누구의 발끝에 묻어와
따스한 봄볕 조잘거리는
아파트 잔디밭에서
두고 온 시절 옛이야기 하며
하늘하늘 피어나는가

꽃만 보면
입맞추고 싶도록 해맑은
반짝이는 하늘색 미소
절로 느껴지는데

생뚱맞은 이름 때문에
기나긴 세월 언걸 먹고 있으면서도
싫은 내색 하나 없이 생글거린다

✿✿✿ 길가나 빈터에 한두해살이풀. 20cm 가량 자라는 줄기는 비스듬히 벋으며 가지가 갈라지고 부드러운 털이 있다. 세모진 달걀형 잎은 줄기에 마주나고 위쪽에서는 어긋나며 가장자리에 톱니가 있다. 봄에 줄기 윗부분 잎겨드랑이 긴 꽃자루 끝에 꽃잎 안쪽에 짙은 줄 무늬가 있는 하늘색 꽃이 1개씩 핀다.

섬현삼꽃

큰개현삼꽃

마주 바라보는 가지 끝마다
흑진주처럼 빛나는 꽃
큰 키를 자랑하면서도
작아서 더욱 신비로운 꽃

앙증스럽게
비스듬히 일그러진 꽃부리는
귀여운 아기의 입술인가
오롯한 아리따움

다시 보면
장난꾸러기 꼬마 녀석의
싱긋거리는
좀은 어색한 윙크처럼
때묻지 않은 보배

✿✿✿ 산지 숲속에 여러해살이풀. 1~1.5m 가량 곧게 자라는 네모진 줄기는 자줏빛이 돌며 많은 가지가 갈라진다. 줄기에 마주나는 긴 달걀형 잎은 끝이 뾰족하고 가장자리엔 톱니가 있다. 늦여름에 잎겨드랑이에서 자란 꽃줄기 끝에 자잘한 흑자색 꽃이 핀다. 꽃부리는 일그러진 단지 모양이며 5갈래로 갈라진다.

잎과 어린 열매

큰괭이밥꽃

산자락 에도는 봄바람이
아직은 쌀쌀해서일까
보드레한 얼굴에 닿는 햇살이
부담스러워서일까

옆으로 비스듬하게
고개 숙인 까닭이 궁금하다

땅에서 솟은 건 분명하지만
숙인 고개 쳐들기만 하면
금방이라도
하늘로 사라질 것만 같아

잠시 쉬었다 돌아갈
선녀의 조용한 외출은 아닐지!

✽✽✽ 깊은 산지 숲속에 여러해살이풀. 가는 뿌리줄기가 벋어 나가며, 이른봄에 잎보다 먼저 올라온 10~20cm 가량의 꽃줄기 끝에, 안으로 붉은 줄 무늬가 있는 흰색 꽃이 1개씩 옆을 보고 피는데, 해가 지면 꽃잎이 오므라든다. 뿌리잎은 3출엽으로 잎자루가 길고 작은 잎은 거꾸로 된 삼각형이다. 꽃받침은 5갈래로 갈라지며 털이 있다.

금매화꽃

일본금매화꽃

큰금매화꽃

짙게 깔린 초록 풀숲에
황금 드레스 휘날리는
매화의 화려한 변신 앞에서
아뜩해지는 현기증

그 놀라운 아름다움에
입은 벌어졌으나
막혀버린 말문

꽃이나 받치고 있어야 할
꽃받침이
꽃잎보다 눈부시게 차리고 나왔으니
정작 꽃잎은 어찌하라고!
어찌하라고!

✽✽✽ 북부 지방 높은 산 습한 곳에 여러해살이풀. 60~80cm 가량 곧게 자라는 줄기는 가지가 갈라지고, 줄기 밑 부분에 어긋나는 잎은 잎자루가 길고 잎몸이 3~5갈래로 길게 갈라지며 다시 2~3개로 갈라지고 가장자리에 톱니가 있다. 여름에 줄기와 가지 끝에 노란색 꽃이 1개씩 피는데, 선형 꽃잎은 8~18장으로 수술보다 2배나 크다. 꽃잎처럼 보이는 5~7개의 꽃받침조각이 있다.

큰기름새꽃

늘 곁에 있는 바람 아니고서야
누가 날 꽃이라
보아주기나 할까

하지만
마음 섭섭해하지도
외로워하지도 않을게요

낮이면 맑은 햇살 맞이하여
신나게 노래도 부르고
푸른 하늘과 함께
멋지게 춤도 추며
밤이면 반짝이는 별이네와
이슬차를 마시며
오순도순 이야기꽃 피우며
즐겁게 살아갈게요

❋❋❋ 습기 있는 산지에 여러해살이풀. 줄기는 80~150cm 가량 곧게 자라며 마디 밑의 표면은 분백색이다. 피침형 긴 잎은 끝이 뾰족하며 엽초 입구에 긴 털이 있다. 여름에 줄기 끝에 원뿔 모양의 갈색 잔이삭이 모여 핀다. 작은 이삭은 곧게 서거나 늘어지기도 한다.

연분홍큰꿩의비름꽃

신도꽃(아프리카)

큰꿩의비름꽃

해 진 후까지도
펄펄 끓어오르던 태양열이
도대체 무슨 짓을 했길래

이다지도 화려하고 눈부신
외출을 하게 하였을까

운신하기도 힘겨운 바위 틈에서도
보란 듯이 자라난
줄기 끝마다
무르익는 진홍색 꿈

멈출 수 없는
원대한 푸른 희망
창공이 좁다

✽✽✽ 산지 양지 바른 곳에 여러해살이풀. 30~70cm 가량 자라는 줄기에 2장씩 마주나거나 여러 장이 돌려나기도 하는 긴 달걀 모양의 잎은 통통하고 잎자루는 없으며 가장자리는 밋밋하거나 조금 물결 모양 같은 톱니가 있다. 늦여름에 줄기 끝에 접시 모양의 꽃차례에 자잘한 홍자색 꽃이 촘촘하게 핀다.

큰벼룩아재비꽃

나 말고
너를 본 사람
몇이나 더 있을까?
그 왜소한 체구에
보일락말락한 얼굴

그래도 갖출 것 다 갖추었으니
귀엽고 앙증맞기가
볼수록 신기하여
발길 돌아설 때면
자꾸만 뒤돌아보게 하는
짠한 마음

네가 큰벼룩아재비라면
너보다 더 작은 벼룩아재비도
있다는 말일 텐데…

✽✽✽ 들이나 산기슭 풀밭에 한해살이풀. 5~15cm 가량 곧게 자라는 줄기에 가는 털이 있다. 달걀형 잎은 줄기 밑 부분에 둘러 나며 끝이 뾰족하거나 둔하기도 하며 가장자리에 털이 있다. 여름·초가을에 줄기 윗부분 꽃자루 끝에 작은 흰색 꽃이 위를 보고 핀다. 꽃부리는 끝이 4갈래로 갈라진다.

큰엉겅퀴꽃

드넓은 풀밭에 모든 영양분
혼자 독식이라도 하듯
우람스런 체격

주위에 다른 풀들 내려다보며
거침없이 자라다
꽃망울 맺기 시작하면
어느덧 고개 숙이며
조용히 피어나는
알 수 없는 사연

다른 엉겅퀴꽃들은
끝끝내 하늘 바라보며
햇살에 눈 맞추며
활짝 활짝 피어나는데…

✻✻✻ 산과 들에 여러해살이풀. 1~2m 가량 곧게 자라는 둥근 줄기는 세로줄이 있으며 거미줄 같은 털이 있다. 길쭉한 뿌리잎은 새깃처럼 갈라지고 가장자리는 뾰족한 가시로 되어 있다. 줄기에 어긋나는 잎은 뿌리잎과 같으나 위로 갈수록 작아진다. 여름부터 가을까지 가지 끝마다 붉은색 꽃이 아래 보고 핀다. 자주색 총포는 달걀형이다.

큰연영초꽃(씨방이 검은자주색)

연영초꽃(씨방이 노란색)

큰연영초꽃

다만 한 송이
작은 꽃을 둘러싼
3장 잎의
빈틈없는 지극 정성을
무슨 말로 다 설명할 수 있을까

긴긴 날
꽃을 향한 사랑의 깊이가
얼마만큼이나 되는지는
수없이 새기고 새겨진
진한 손금이
고스란히 보여 주고 있는 듯
살랑거리며 지나가는
연둣빛 바람은 알고 있을까

❋❋❋ 중부 이북 깊은 산지에 여러해살이풀. 굵은 뿌리줄기는 땅속 깊이 벋으며, 30cm 가량 자라는 줄기 끝에 잎자루 없는 3장의 커다란 잎이 돌려 난다. 잎은 둥근 달걀형으로 끝이 뾰족하고 가장자리는 밋밋하며 3~5개의 세로맥과 그물맥이 있다. 초여름에 잎 사이에서 나온 짧은 꽃자루 끝에 3장 꽃잎의 흰색 꽃이 1개씩 핀다.

제비고깔꽃

열매

큰제비고깔꽃

노련미까지 갖춘
신비의 마술사를 만난 듯
넋 나간 자리에 펼쳐진
황홀한 세상

푸른 하늘과 마주한
훤칠한 몸에서 뿜어내는
타는 듯한 눈매
눈부신 보랏빛 날갯짓에
눈멀고

밀어처럼 와 닿는
은밀한 속삭임에
귀마저 멀고 말았으니

어찌하오리까!
어찌하오리까!

✽✽✽ 깊은 산지에 여러해살이풀. 1~2m 가량 곧게 자라는 줄기에 어긋나는 잎은 손바닥 모양으로 3~7갈래로 깊게 갈라지며 갈래조각 가장자리엔 고르지 않는 톱니가 있다. 여름에 줄기 끝 부분에 꽃자루가 있는 여러 개의 보라색 꽃이 어긋나게 아래서부터 피어 올라간다.

열매

큰조롱꽃

오순도순 모여 앉아
한껏 피어나
타고난 고운 맵시
자랑도 하고 싶지만

넌지시 세월 알리며
지나가는 바람만
힐끔힐끔 바라볼 뿐
이내 무관심의 늪에 빠지고 마는
잠잠한 숲속

그래도 빛나는 태양 있어
웃으며 살아갑니다

✽✽✽ 산기슭이나 바닷가 언덕에 덩굴지는 여러해살이풀. 굵은 뿌리에서 나온 줄기는 1~3m 가량 자라며 자르면 흰색 즙액이 나온다. 줄기에 마주나는 심장형 잎은 끝이 뾰족하고 밑 부분은 심장저로 양쪽 가장자리가 아주 가깝다. 여름에 잎겨드랑이에서 자란 꽃대에 자잘한 황록색 꽃이 둥글게 모여 송아리를 이루며 핀다.

큰조아재비꽃

눈앞에 보이는 것이라곤
온통 초록뿐인
우거질 대로 우거진 풀밭에서
바로 코밑까지 다가가지 않으면
알아볼 수도 없지만

제 요량으로는
풍년을 기원하는 마음으로
다른 욕심 부리지 않는
꽃이삭의 숙연한 일상

바람에 실려오는
햇살 한 줄기까지도
소중하고 소중한 줄 알기에
차마, 게으름 피울 수가 없는 듯
씨앗을 위한 묵묵한 삶

✽✽✽ 들이나 산기슭 풀밭에 여러해살이풀. 원산지는 유럽과 시베리아. 목초로 기르던 것이 퍼졌다. 30~60cm 가량 자라는 줄기에 어긋나는 선형 잎은 끝이 뾰족하고 밑 부분은 줄기를 감싼다. 여름에 줄기 끝에 원기둥 모양의 연녹색 꽃이삭이 달린다.

잎

큰피막이꽃

키도 작고
꽃도 작아
이름만이라도 '큰' 자를 붙여
작은 것이 곧 큰 것이라는
역설의 외침인가!

하지만 피를 멎게 하는
효능으로 치자면
공연한 트집일 수도 있겠다

아무리 한 개 꽃은 작아도
서로 얼굴 마주보며
둥글게 모여 앉으면
세상 부러울 것 하나 없는 것을

✽✽✽ 들이나 길가 물기 있는 곳에 여러해살이풀. 10~15cm 가량 자라는 줄기는 옆으로 기면서 비스듬히 서며 가지가 갈라진다. 잎자루가 있는 둥근 잎은 줄기에 어긋나며 가장자리가 7개로 얕게 갈라지며 둔한 톱니가 있고 표면엔 광택이 있다. 여름에 잎겨드랑이에서 나온, 잎보다 긴 꽃대 끝에 자잘한 연녹색 꽃이 둥글게 모여 핀다. 지혈제로 쓴다.

키타이벨리아꽃

한 점 부끄럼 없음을
힘주어 말하려는 듯
하얀 자신감 흘러넘치고
세상이 아무리 홀린다 해도
애써 꾸미지 않고
산뜻한 모습
얼마나 좋으냐!

보이지 않는
깊은 내부로부터
저절로 빛나는
진정한 밝음 앞에
스스로 떳떳함을 배운다

✺✺✺ 관상용으로 꽃밭에 기르는 한해살이풀. 원산지는 발칸. 60~80cm 가량 자라는 줄기는 가지가 갈라지며 잔털이 있다. 줄기에 어긋나는 넓은 잎은 손바닥 모양으로 깊게 갈라지고 갈래 끝은 뾰족하다. 잎자루는 길다. 초여름에 줄기 끝이나 윗부분 잎겨드랑이에 흰색 꽃이 피는데, 5장 꽃잎은 각각 삼각형을 이루고 있으나 가장자리는 약간 둥그스름하거나 불규칙하게 얕게 갈라지기도 한다.

부록

작품 연보

1. 『敎壇의 上과 下』
   원제목 : '스쳐간 사람들'
   제15회 신동아 논픽션 우수작 당선(1979)
   1980년 『신동아』 1월호에 수록(朴石雲이란 필명으로) '논픽션 시리즈' 제4권에 수록(동아일보사, 1980)

2. 『국적 모를 골목 기지촌』
   원제목 : '국적 모를 골목'
   제24회 신동아 논픽션 최우수작 당선(1987)
   1987년 『신동아』 11월호에 수록
   '한국 최우수 논픽션 모음' 제1권에 수록(도서출판 世代, 1990)

3. 제1시집 『白頭民族』: 장편 민족 서사시
   ①河洛圖書(1991. 11. 30.)
   ②도서출판 청학
   ·2판1쇄(1992. 10. 15.), 2쇄(1994. 11. 30.)
   ③남양주·구리 지역의 풍양신문에 1년 반에 걸쳐 연재(1990~1991)

4. 제2시집 『아름다운 나라』: 사진·기행시
   ·시도출판사(1993. 5. 15.)

5. 제3시집 『터 찾아 혼 찾아』: 민족서사기행시
   ①시도출판사(1994. 7. 20.)
   ②혜림출판사, 2판 1쇄(1995. 8. 1.)
   ·1, 2권으로 재판 발행

6. 월간 『한맥문학』에 시 당선(1994년 1월호)
   ·「蘭에게」 「봄눈」 「비에 젖은 낙엽」 등

7. 단편소설집 『초록색 연가』
   ·시도출판사(1994. 11. 1.), 15편
   ·1982~1994년까지 『내륙문학』 『북한강문학』 『글핀샘』 등에 발표한 작품

8. 제4시집 『장자울 햇살』
   ·도서출판 청학(1995. 3. 30.)

9. 제5시집 『오늘』
   ·시도출판사(1995. 5. 1.)
   ·『글핀샘』 창간호~제4집에 연재한 '오늘의 서사시' 모음

10. 제6시집 『초록 물결 소리』
    ·혜림출판사(1995. 9. 16.)

11. 옮긴 소설 『못다 쓴 편지』
    ·혜림출판사(1995. 9. 16.)
    ·원작자 : 윤천(尹天), 중국 동포

12. 제7시집 『새벽의 환상곡』
    ·혜림출판사(1996. 2. 5.)

13. 제8시집 『산바람 님바람』
    ·혜림출판사(1996. 7. 5.)

14. 제9시집 『석 줄의 향기』
    ·혜림출판사(1996. 9. 20.)
    ·전2권, 3자 말 이어짓기

15. 제10시집 『고독의 강물』
    ·은혜미디어(1997. 3. 10.)

16. 제11시집 『꽃 나들이』: 시와 산문
    ·은혜미디어(1997. 9. 10.)

17. 제12시집 『끝없는 대화』: 문답식 단상과 시
    ·은혜미디어(1998. 2. 28.)

18. 제13시집 『울 수 있는 날의 행복』
    ·은혜미디어(1998. 11. 5.)

19. 제14시집 『꽃멀미 마중』
 · 도서출판 대일(1999. 9. 10.)
20. 제15시집 『사람의 숲』
 · 북랜드(2000. 7. 10.)
 · 제2회 교단문학상 대상 수상(2000. 12.)
21. 제16시집 『풀씨·하나』
 · 교단문학출판부(2001. 9. 28.)
 · 자필 시집, 본인이 찍은 표지 사진(며느리밑씻개꽃)
22. 제17시집 『풀씨의 숨소리』
 · 북랜드(2003. 3. 15.)
23. 제18시집 『꽃달임』
 · 북랜드(2007. 10. 25.)
 · 본인이 찍은 표지 사진 : 비꽃(가칭)
24. 제19시집 『꽃이랑』
 · 月刊文學출판부(2010. 5. 20.)
 · 본인이 찍은 표지 사진 : 큰방울새란꽃
25. 「갈대꽃」 시비 제막
 · 충남 보령 시와숲길공원(2010. 10. 23.)
26. 「구름 나그네」 육필 시비 제막
 · 충남 보령 시와숲길공원(2011. 6. 18.)
27. 제20시집 『꽃탑1』 : 풀꽃 사진과 시
 · 月刊文學출판부(2011. 9. 5.)
 · 제20회 한국농민문학상 수상(2013. 1.)
28. 제21시집 『꽃탑2』 : 나무꽃 사진과 시
 · 月刊文學출판부(2012. 3. 7.)
 · 제20회 한국농민문학상 수상(2013. 1.)
29. 제22시집 『꽃씨의 꿈』
 · 도서출판 무진(2012. 3. 22.)
 · 본인이 찍은 표지 사진(빗자루국화꽃)
 · 제20회 한국농민문학상 수상(2013. 1.)

30. 인물상, 「각시붓꽃」 공동 시비 제막
 · 충남 보령 시와숲길공원(2012. 5. 12.)
31. 제23시집 『꽃탑3』 : 나무꽃 사진과 시
 · 月刊文學출판부(2013. 5. 15.)
32. 제24시집 『꽃탑4』 : 나무꽃 사진과 시
 · 月刊文學출판부(2014. 3. 15.)
33. 제25시집 『꽃바람』
 · 도서출판 무진(2014. 6. 15.)
 · 본인이 찍은 표지 사진 : 야콘꽃
34. 제26시집 『꽃탑5』 : 풀꽃 사진과 시
 · 月刊文學출판부(2015. 4. 20.)
35. 제27시집 『꽃보라』
 · 도서출판 무진(2016. 1. 25.)
 · 본인이 찍은 표지 사진 : 구름국화꽃
36. 제28시집 『꽃탑6』 : 풀꽃 사진과 시
 · 月刊文學출판부(2016. 5. 15.)
37. 제29시집 『꽃탑7』 : 풀꽃 사진과 시
 · 月刊文學출판부(2017. 3. 20.)
38. 제30시집 『꽃구름』
 · 도서출판 무진(2017. 12. 22.)
 · 본인이 찍은 표지 사진 : 금강초롱꽃
39. 제31시집 『꽃탑8』 : 풀꽃 사진과 시
 · 月刊文學출판부(2018. 4. 20.)
40. 제32시집 『추억의 꽃길』
 · 도서출판 무진(2018. 12. 20.)
 · 본인이 찍은 표지 사진 : 버들잎엉겅퀴꽃
41. 제33시집 『꽃탑9』 : 풀꽃 사진과 시
 · 月刊文學출판부(2019. 3. 20.)

박정자 풀꽃 사진 시집_ 꽃탑9

초판 인쇄 | 2019년 3월 15일
초판 발행 | 2019년 3월 20일

지 은 이 | 박정자
발 행 인 | 문효치
편집국장 | 김밝은

펴낸곳 | (사)한국문인협회 月刊文學 출판부
주소 | 서울시 양천구 목동서로 225 대한민국예술인센터 1017호
전화 | 02-744-8046~7
팩스 | 02-743-5174
이메일 | klwa95@hanmail.net
등록 | 2011년 3월 11일 제2011-000081호
ISBN 978-89-6138-401-8 03810

값 15,000원

잘못 만들어진 책은 바꾸어 드립니다.

지금은, 새벽 산책으로 별·달을 보며 오르내리는 송라산 기슭. 지난날 무거운 카메라를 양 어깨에 메고 꽃을 찾아 다니던 그 길. 오랜 세월 지났는데도 잊을 수 없는 꽃들, 때도 없이 문득문득 색색깔로 피어난다.

타래난초꽃·삼지구엽초꽃·산자고꽃 피던 자리엔 아파트가, 은방울꽃·앵초꽃·개미취꽃 피던 자리엔 전원주택이 들어섰으며, 큰꽃으아리꽃·영아자꽃·솜나물꽃 피던 자리는 도로, 할미꽃·초롱꽃·인동덩굴꽃 피던 곳은 밭으로 변했다.

겨울 한 번 지날 때마다 이젠 잊었는가 싶다가도, 봄이 오고 여름 되면 다시 또 생각나는 꽃들. 그때 그 꽃이야 잠시 피었다 졌지만, 내 마음엔 쉽게 사라질 수 없는 영상들. 아마도 내겐 언제까지나 '그 아름답던 길'로 남을 것이다.

ISBN 978-89-6138-401-8

값 15,000원